AUGUSTO COCCHIONI

BUSINESS PLAN INTERNAZIONALE

Come Redigere un Piano Strategico per Portare l'Azienda sui Mercati Esteri

Titolo

BUSINESS PLAN INTERNAZIONALE

Autore

Augusto Cocchioni

Editore

Bruno Editore

Sito internet

http://www.brunoeditore.it

Sommario

Introduzione

Internazionalizzarsi oggi non rappresenta più una scelta, ma è un percorso obbligato. Le imprese che non lo faranno restringeranno sempre di più gli spazi di mercato perché la concorrenza sarà sempre più agguerrita. In un contesto competitivo come quello attuale, caratterizzato da un'elevata globalizzazione dei mercati e da un'accesa competizione è però indispensabile pianificare e valutare molto attentamente le azioni che si vogliono intraprendere.

In tantissimi anni di attività come consulente internazionale ho infatti rilevato che la maggior parte delle azioni di internazionalizzazione hanno avuto successo o meno in dipendenza del fatto che sia stata fatta una corretta valutazione iniziale. L'obiettivo di questo corso è fornire uno strumento pratico e operativo per affrontare opportunamente sin dall'inizio i mercati internazionali, analizzando le metodologie e i percorsi necessari all'impresa per cogliere tutte le opportunità evitando e minimizzando i rischi.

Il corso offre una guida pratica e operativa per la redazione di un Business Plan Internazionale accompagnando il lettore passo per passo. Sarà prima data una spiegazione concettuale delle motivazioni e delle ragioni per le quali è importante procedere, poi verranno proposte una serie di schede di lavoro che contengono domande rispondendo alle quali si avranno tutti gli elementi per poter impostare e preparare un Business Plan Internazionale.

L'esperienza professionale mi insegna che in moltissimi casi è stato proprio il non essersi posti alcune di queste domande sin dall'inizio che ha generato e messo in difficoltà i progetti di internazionalizzazione avviati. È un corso pratico che può essere utilizzato a più livelli di approfondimento, in dipendenza del grado di conoscenza del lettore delle materie e dei vari aspetti trattati.

Volutamente non sono state inserite le fonti per la ricerca delle informazioni necessarie per la redazione del Business Plan Internazionale, perché sarebbe stato comunque un elenco riduttivo e incompleto poiché gli argomenti e i temi trattati sono molteplici e relativi a tematiche molto articolate. Ognuno potrà approfondire in base alle proprie capacità o competenze, chiedendo l'opportuno aiuto e sostegno degli esperti laddove necessario.

I principi riportati sono applicabili, con gli opportuni adattamenti, a qualsiasi contesto e progetto internazionale. Per le attività complesse il corso rappresenterà un'utile check-list di verifica, mentre per azioni più circoscritte e minori rappresenterà una vera e propria guida di lavoro. Essendo a carattere divulgativo contiene ovviamente molte generalizzazioni e non si addentra negli aspetti tecnici. Traccia un percorso di autoanalisi che serve a dare consapevolezza del progetto che si intende attuare e un pratico e semplice metodo di lavoro.

Nel corso molto spesso, per brevità e per evitare ripetizioni, si farà riferimento alla sola esportazione di prodotti. È importante precisare che il concetto è riferibile anche ai servizi e non è limitato alla sola esportazione ma è estendibile alle attività di internazionalizzazione in generale che, come sarà spiegato più avanti, vanno ormai ben oltre la semplice attività di export.

Le domande riportate nei fogli di lavoro sono poste in modo tale che possono essere utilizzate sia dal lettore che si confronta per la prima volta con questo tema, sia come valido riferimento per chi già è esperto di pianificazione, ma necessita di una guida e di una immediata check-list per impostare un Business Plan Internazionale.

Il corso è rivolto a imprenditori, manager, professionisti, consulenti, responsabili di aziende e di istituzioni che si affacciano, anche per la prima volta, ai mercati internazionali e che necessitano di acquisire padronanza per la corretta stesura di un Business Plan Internazionale.

È rivolto a coloro che operano con le medie e piccole imprese che non hanno esperienze sui mercati internazionali, e anche ai molti manager di grandi aziende che si trovano ad operare in contesti non ancora organizzati o con imprese di più piccole dimensioni in cui sono completamente assenti modelli e strumenti di lavoro già strutturati.

Auspicando che troverete interessanti e utili i concetti illustrati in questo corso e che possano darvi un aiuto concreto nella redazione del vostro Business Plan Internazionale, vi ringrazio per averlo scelto e vi auguro una buona lettura.

Augusto Cocchioni

A Roberto.

CAPITOLO 1:

Come prepararsi a internazionalizzare

Cosa significa internazionalizzare

Un tempo quando si parlava di operazioni con l'estero ci si riferiva alle sole attività di importazione ed esportazione. Oggi parliamo di internazionalizzazione, che è un termine più ampio e articolato, e comprende un insieme di attività e di eventi relativi al trasferimento all'estero, attraverso diverse modalità, di alcune delle attività dell'azienda. Queste vanno dalla semplice esportazione del prodotto finito fino alla costituzione di strutture commerciali stabili all'estero per la vendita del prodotto o del servizio, oppure alla riallocazione in un altro paese di alcune fasi del processo produttivo o dell'intero processo.

Questo può avvenire attraverso diverse modalità: la realizzazione di proprie strutture all'estero funzionali al proprio business, oppure attraverso l'acquisto di strutture già esistenti localizzate in un altro paese, o ancora attraverso accordi di collaborazione con aziende straniere, stipulando con esse contratti di fornitura, o con la cessione per l'uso in altri mercati esteri dei propri marchi e brevetti, delle licenze ecc. Vedremo in seguito più nel dettaglio queste diverse forme.

Quindi potremmo definire l'internazionalizzazione come l'insieme delle attività di scambio oltre i confini nazionali svolte dall'azienda (azioni di penetrazione commerciale all'estero, investimenti diretti, trasferimento di parti o fasi del processo produttivo, accordi tecnico-produttivi e commerciali con l'estero, vendita e acquisizione di licenze e di brevetti, importazioni strategiche ecc.) attuate in modo sistematico, stabile e continuativo, finalizzate all'inserimento e al consolidamento della propria posizione sia sul mercato domestico che sui mercati internazionali.

Perché è importante internazionalizzarsi

La prima e più importante ragione per internazionalizzarsi è il fatto che questo percorso **rappresenta una grande opportunità**, soprattutto per le piccole e medie imprese italiane che vogliono crescere e svilupparsi. Bisogna essere consapevoli della necessità del cambiamento nell'era della globalizzazione e riconoscere che l'apertura delle nuove frontiere genera una grande opportunità di sviluppo. Siamo in una fase in cui ogni anno milioni di persone stanno emergendo dalla povertà, e questo genererà cambiamenti enormi nei mercati mondiali, tra questi **una nuova enorme domanda potenziale tutta da comprendere e da intercettare**. È quindi molto importante e prioritario internazionalizzarsi, attraverso l'inserimento e il consolidamento della nostra presenza sui mercati internazionali, per fronteggiare la crescente competitività proveniente dalle economie emergenti.

In passato l'imprenditore si chiedeva se poteva permettersi di internazionalizzarsi, oggi l'imprenditore deve chiedersi se può permettersi di non internazionalizzarsi. In passato questa scelta riguardava solo le grandi imprese. Oggi anche la piccola e media impresa, se vuole rimanere competitiva, è obbligata a ricercare nuovi mercati di sbocco per i propri prodotti e servizi. Per individuare nuovi partner con cui collaborare per sviluppare le nuove conoscenze tecnologiche e trovare nuovi mercati da cui rifornirsi di componenti e risorse fondamentali per l'attività dell'impresa a costi inferiori.

Ogni azienda può internazionalizzarsi, anche le micro imprese possono raggiungere un ottimo livello di internazionalizzazione, purché vi siano le condizioni di base necessarie per farlo.

La maggior parte delle nostre imprese ha avuto come mercato prevalente quello domestico, arrivando a spingersi oltre i confini nazionali solo con sporadicità e molto spesso solo in risposta a precise richieste provenienti dai mercati esteri. Oggi **il nostro mercato interno è saturo** o, nei casi migliori, con un potenziale di crescita molto ridotto, per questo la partecipazione delle nostre imprese all'apertura dei mercati internazionali rappresenta un elemento strategico e cruciale per la sopravvivenza e lo sviluppo delle aziende italiane.

L'internazionalizzazione consente di diversificare il rischio perché consente all'azienda di ridurre la dipendenza da un solo mercato, consente inoltre di ridurre i cicli stagionali, sfrutta al meglio i cicli economici dei diversi paesi del mondo e rafforza l'immagine aziendale accrescendo il valore dell'impresa. Quindi nel nostro mondo ormai globalizzato ogni impresa deve valutare seriamente una strategia di internazionalizzazione, che oggi costituisce una delle vie irrinunciabili per potersi sviluppare. È stato dimostrato che le imprese più colpite dalla crisi e dal declino sono proprio quelle non internazionalizzate, le imprese manifatturiere che operano in segmenti maturi e quelle rivolte esclusivamente al mercato locale. Operare su diversi paesi consente, inoltre, di venire a conoscenza di realtà diverse e di nuovi stili vita e modi di operare e permette di individuare nuove idee che possono essere sviluppate su altri mercati.

In questo modo si diventerà anche più competitivi sul mercato interno perché l'esperienza e le competenze che si acquisiranno attraverso un serio processo d'internazionalizzazione, rappresenteranno un vantaggio competitivo molto valido, anche rispetto alle altre aziende domestiche che non lo faranno.

I principali problemi legati all'internazionalizzazione

La crescita in ambito internazionale genera però anche difficoltà, perché si amplia il raggio di azione dell'impresa e non si opera più in un ambiente familiare. Tra i problemi più frequenti legati alla crescita internazionale delle imprese italiane vi è la scarsa cultura all'internazionalizzazione, ancora troppo legata a una visione locale. Le aziende, il più delle volte, sono inconsapevoli delle risorse e dei percorsi necessari per attuare una corretta strategia di sviluppo internazionale. Questo rende necessario un miglioramento dell'analisi strategica e del processo di decisione.

Operare internazionalmente richiede una serie di competenze, di conoscenze e di cautele, la cui importanza emerge prepotentemente solo quando ci si accorge di non averle, ma è ormai troppo tardi. Spesso si tende a sottovalutare i rischi che si possono presentare e la mancanza di organizzazione e competenze adeguate per affrontarli. Va evidenziato che le problematiche più complesse per accedere ai nuovi mercati globali non sono legate tanto al fatto che non c'è mercato per i nostri prodotti o servizi, o che vi siano difficoltà insormontabili per impiantare strutture commerciali e/o produttive all'estero.

Sono legate piuttosto alla difficoltà di poter contare su risorse umane e professionali adeguate e in grado di muoversi opportunamente sui mercati internazionali con logiche non tradizionali.

SEGRETO n. 1: è sbagliato sopperire a scarsa cultura e competenze all'internazionalizzazione semplicemente evitando di prendere in considerazione questo limite. Sopperite iniziando un percorso veramente nuovo, consultando, quando necessario, gli esperti e trovando con loro il giusto rapporto.

Anche la scarsità di capitali non è in assoluto un vero problema. Infatti, a causa di un distorto approccio – che probabilmente deriva dalla scarsa cultura all'internazionalizzazione – le aziende spesso dedicano alle iniziative internazionali o troppi soldi spesi molto male, oppure pochi soldi con aspettative assolutamente sproporzionate rispetto a quanto investito. Spendendoli bene, le risorse per sviluppare questa importantissima area di crescita per la nostra economia e per le nostre aziende ci sono.

L'internazionalizzazione quindi deve essere vissuta come una decisione importante e complessa che richiede, **con la dovuta gradualità**, un effettivo progetto di cambiamento della cultura economica d'impresa. Questa dovrà generare una vera e propria trasformazione nell'azienda che riguarderà la struttura organizzativa, le politiche finanziarie, il posizionamento sul mercato e la gestione delle risorse umane.

SEGRETO n. 2: non considerate l'internazionalizzazione come un'attività secondaria rispetto a quella principale, dedicandovi solo risorse e tempo marginali. Il vero problema non è la scarsità di capitali, ma il fatto che il più delle volte i soldi vengono spesi male.

Come affrontare l'internazionalizzazione di un'azienda

La giusta impostazione di un'azione di internazionalizzazione è quella di muovere bene e correttamente il primo passo. L'improvvisazione e l'approssimazione iniziale sono sicuramente tra i primi errori da evitare, perché rischiano solo di generare situazioni di squilibrio, che avranno sicure ripercussioni negative.

Come già detto, è prima di tutto necessario che l'impresa inizi a ragionare in modo nuovo. Esportare e internazionalizzarsi non può essere fatto solo sulla base di facili entusiasmi o semplicemente per copiare quello che fanno altri, ma deve rappresentare una nuova consapevolezza gestionale, che deve

17

scardinare e superare le vecchie regole. La decisione aziendale di spingersi all'estero deve nascere da attente e prudenti valutazioni sui punti di forza e di debolezza che l'azienda possiede verso il processo d'internazionalizzazione.

È indispensabile fare una chiara e netta distinzione tra le differenze che vi sono o che vi possono essere tra il mercato nazionale e il mercato internazionale. Il primo problema che ci si deve porre nel momento in cui si decide di andare all'estero è quindi la preparazione. Per questo motivo è di fondamentale importanza preparare un Business Plan Internazionale.

Va evidenziato che il successo di un'azione di internazionalizzazione dipende molto dalla struttura organizzativa dell'impresa, quindi all'azienda che vuole espandersi sui mercati esteri è richiesto un lavoro organizzativo interno indispensabile per acquisire le competenze e la nuova mentalità necessaria. Normalmente all'inizio del processo di internazionalizzazione le relazioni con l'estero sono intrattenute dalle stesse persone che gestiscono il mercato italiano. È importante però iniziare quanto prima a instaurare i corretti rapporti con chi è esperto in queste tematiche.

Per valutare i rischi bisogna conoscerli, è sbagliato sia amplificarli che sottovalutarli. Sviluppate un'organizzazione e delle competenze adeguate per affrontarli. Evitate di fare tutto da soli o di affidarvi a qualche "bravo ragazzo o ragazza" che costa poco e che fa tutto quello che dite voi. Individuate invece risorse umane e professionali adeguate e in grado di muoversi opportunamente sui mercati internazionali con logiche non tradizionali.

Perché è fondamentale pianificare il progetto di internazionalizzazione

Oggi per l'azienda è divenuto fondamentale prevedere come si evolverà il futuro perché i mercati sono molto più competitivi che in passato a causa della loro saturazione e delle tecnologie sempre più sofisticate. Questo vale ancor di più per le azioni da intraprendere sui mercati esteri. È necessario quindi programmare l'attività di internazionalizzazione con metodo e in modo sistematico, perché questo è il solo modo per prevedere quanto più possibile le variabili e lo sviluppo del progetto che si vuole intraprendere. Con la pianificazione dell'attività di internazionalizzazione che si vuole avviare si definiscono gli obiettivi, i tempi di realizzazione, le risorse necessarie (finanziarie, umane, in investimenti ecc.), le fonti e le azioni da intraprendere. Si possono evidenziare le variazioni tra i risultati conseguiti e gli obiettivi che erano stati stabiliti.

Si possono inoltre evidenziare le differenze tra le risorse che si era progettato di utilizzare e quelle effettivamente utilizzate, intervenendo per tempo per fare le necessarie correzioni ed eventualmente, per ridefinire di nuovo gli obiettivi e le risorse necessarie. Molto spesso, sbagliando, si tende a ritenere che l'internazionalizzazione può avere un successo per il semplice fatto che in Italia si è già affermati o si è particolarmente bravi ed esperti in qualcosa. E quindi basta replicare spendendo il minimo delle risorse perché il più è già stato fatto in Italia. Invece, come tutti gli esperti spesso ripetono, portare un'azienda su uno o su più mercati esteri è altrettanto difficile quanto iniziare una nuova impresa partendo da zero.

Infatti, tutto quello che sul mercato nazionale rappresenta un punto di forza e un riferimento certo, non è detto che lo sia automaticamente sul nuovo mercato estero. In casa si è conosciuti, si conosce molto bene il proprio mercato e la concorrenza, i prodotti sono come già la clientela li desidera, probabilmente la distribuzione che viene utilizzata è efficiente e collaudata, si ha una struttura e un'organizzazione adeguata e la capacità produttiva è già dimensionata rispetto alle esigenze del mercato.

Nel nuovo mercato estero invece non si è conosciuti. Infatti, con molta probabilità in Italia ci è voluto tantissimo tempo per creare il marchio e renderlo conosciuto. Sul nuovo mercato non si conoscono le abitudini dei potenziali clienti e delle loro preferenze, e non è sempre detto che queste siano uguali o simili a quelle dei clienti in Italia. Sul nuovo mercato non si conoscono i concorrenti, come operano e quanto sono forti. Non conosciamo i distributori e i potenziali partner e le loro abitudini e le modalità di operare spesso sono completamente diverse rispetto all'Italia.

Ma questo **non deve scoraggiare** dall'affrontare i mercati internazionali. Quanto detto significa solo che queste azioni di sviluppo **devono essere fatte con metodo** e con la dovuta gradualità.

Un progetto di internazionalizzazione quindi, proprio per la sua complessità e per le conseguenze che comporta sulla struttura dell'azienda, senza una valida pianificazione rischia di essere destinato al fallimento. Anche perché, una volta che si è partiti e gli impegni sono stati presi, molto spesso non è facilissimo interrompere le attività e tornare indietro senza il rischio di avere pesanti perdite e danni.

Certo, non tutto può essere previsto, tutt'altro, ma fare seri sforzi di previsione riesce a diminuire moltissimo il livello di incertezza, minimizzando quindi il rischio e rendendo massime le probabilità di successo del progetto.

SEGRETO n. 3: non bisogna ritenere che l'internazionalizzazione può avere successo semplicemente replicando quanto fatto in Italia spendendo il minimo delle risorse perché il più è già stato fatto. Portare un'azienda su uno o su più mercati esteri è altrettanto difficile quanto

iniziare una nuova impresa partendo da zero.

Il Business Plan Internazionale

Il business plan "tradizionale" viene normalmente prodotto quando si vuole avviare una nuova azienda, quando si vuole lanciare un nuovo prodotto, o investire in una nuova tecnologia o in un nuovo mercato o in una nicchia. Il Business Plan Internazionale è invece lo strumento utilizzato per pianificare e valutare la fattibilità di un progetto su un nuovo mercato estero.

Il Business Plan Internazionale è molto diverso da quello tradizionale perché non contiene le stesse informazione tipiche dell'avvio di una nuova società o di un prodotto. Le problematiche da affrontare sui mercati internazionali sono estremamente diverse da interpretare e da affrontare rispetto a quelle presenti nel mercato del proprio paese. Inoltre alcune criticità sono completamente assenti in ambito nazionale, mentre risultano estremamente importanti in un contesto internazionale. Sono quindi necessarie esperienze e capacità specifiche per poter valutare opportunamente tutti gli elementi che andranno a comporre il Business Plan Internazionale.

Molte informazioni normalmente riportate nel business plan tradizionale possono essere superflue nel contesto internazionale, mentre altre, molto importanti per il Business Plan Internazionale, sono assolutamente mancanti in quello tradizionale (per esempio tutte le informazioni che riguardano il paese e gli impatti sulla gestione delle diverse normative fiscali e commerciali). Il Business Plan Internazionale è quindi un business plan particolare con una struttura diversa rispetto a quello tradizionale.

A cosa serve

Il Business Plan Internazionale è quel documento che si utilizza per pianificare e valutare il progetto che si intende realizzare sul mercato estero. Per prevederne l'andamento e lo sviluppo futuro, per ottimizzare tutte le risorse necessarie, per verificarne la fattibilità per contenere al massimo il rischio, per aumentarne le probabilità di successo e per mostrare e presentare il progetto ai terzi. La costruzione del Business Plan Internazionale necessita di un'attenta e approfondita analisi iniziale per individuare e comprendere al meglio l'ambiente con cui l'impresa dovrà confrontarsi.

In un Business Plan Internazionale questo è ancora più importante rispetto a quello tradizionale perché si va a operare in un ambiente diverso e nuovo, con molti aspetti completamente sconosciuti. Solo **attraverso un'attenta indagine** sarà possibile individuare le opportunità che l'impresa potrà perseguire e gli eventuali rischi connessi. Inoltre, una volta definito il progetto e valutata la fattibilità attraverso il Business Plan Internazionale, si potrà valutare se esistono strumenti finanziari adatti per sostenere la realizzazione del progetto di internazionalizzazione sul mercato estero che è stato individuato.

Perché è importante

Un'azione di internazionalizzazione non puo essere improvvisata, ma deve essere supportata da un metodo che consenta di massimizzare i benefici derivanti dal corretto utilizzo delle risorse disponibili, minimizzando il rischio di sprecare e disperdere preziose risorse in azioni scoordinate e scomposte.

Il contesto nell'ambito del quale si muove l'azienda è caratterizzato da sempre più rapidi e improvvisi cambiamenti, che in un contesto internazionale vengono ulteriormente amplificati.

Per questo diventa ancor più importante cercare di sviluppare la cultura della previsione a medio e lungo termine. In una situazione di grande incertezza e imprevedibilità non bisogna cedere alla tentazione di non fare previsioni, ma si deve invece fare un maggior sforzo per cercare di prevedere quanto più possibile gli eventi e il loro sviluppo in modo sistematico e con i metodi opportuni.

SEGRETO n. 4: non cedere alla tentazione di non fare accurate previsioni ma al contrario fare sforzi di previsione diminuisce moltissimo il livello di incertezza, minimizza il rischio e rende massime le probabilità di successo.

Moltissime iniziative di internazionalizzazione abortiscono in corso d'opera oppure perdono di incisività e valore dopo un breve periodo perché il più delle volte non vengono considerate dovutamente le implicazioni future delle scelte che si fanno. Il Business Plan Internazionale non può ovviamente garantire in assoluto il successo e la riuscita del progetto, ma è estremamente utile per ridurre i rischi legati alle incertezze ed è una guida fondamentale e indispensabile per la corretta implementazione del progetto.

Come redigere il Business Plan Internazionale

In questo corso viene proposto un metodo composto da spiegazioni concettuali seguite poi da alcune schede contenenti una serie di domande che guideranno il lettore alla redazione del Business Plan Internazionale. Per rispondere alle domande è importante fare un'analisi molto critica evitando di cadere nei luoghi comuni, non dando per scontato ciò che non conosciamo o in relazione al quale non abbiamo elementi validi e in qualche modo verificabili.

Dopo aver completato tutti i fogli di lavoro si avranno a disposizione tutti gli elementi necessari per redigere un Business Plan Internazionale e per sviluppare la strategia internazionale. La realizzazione attenta e accurata dei fogli di lavoro proposti ha i seguenti vantaggi:

- impone sin da subito una attenta valutazione della fattibilità del proprio progetto internazionale;
- dimostra sin da subito il nostro reale impegno a voler perseguire seriamente l'iniziativa di internazionalizzazione;

- impone riflessioni approfondite e accurate che evidenzieranno tutti gli aspetti rilevanti che altrimenti sarebbe difficile individuare;

- serve da guida per gli approfondimenti che dovranno essere fatti.

Il quadro che emergerà dalla verifica **dovrà essere in qualche modo diverso** dalle vostre idee e intuizioni iniziali, altrimenti è molto probabile che stiate solo cercando di confermare le vostre idee, probabilmente forzando la realtà.

È importante premettere che non esiste una metodologia di business plan internazionale valida per ogni tipo di progetto. I metodi utilizzati sono spesso molto diversi tra loro e hanno approcci e modalità diverse, questo perché le realtà nelle quali si opera sono varie e complesse, ed è difficile formulare un metodo rigidamente valido per tutti i casi. Il porsi nella posizione di realizzare un Business Plan Internazionale e tentare con molta convinzione di realizzarlo seriamente è già di per sé un importantissimo passo verso un approccio corretto.

SEGRETO n. 5: non esiste una metodologia di business plan internazionale valida per ogni tipo di progetto. Porsi nella posizione di realizzare un Business Plan Internazionale e tentare con molta convinzione di realizzarlo seriamente è il primo passo importante verso un approccio corretto.

Le fasi e le componenti per la redazione di un Business Plan Internazionale

Qui di seguito si elencano in modo sintetico i diversi passi necessari per impostare e redigere il Business Plan Internazionale:

- deve essere innanzitutto definita la struttura del Business Plan Internazionale con il sommario degli argomenti che saranno trattati;
- devono essere identificati e definiti con molta chiarezza chi sono i destinatari del Business Plan Internazionale;
- deve essere descritta l'azienda che attua l'azione di internazionalizzazione, specificandone bene l'assetto proprietario, la struttura e la mission aziendale;
- deve essere effettuata un'analisi interna all'azienda e del suo modello di business;
- deve essere quindi descritto il progetto di

internazionalizzazione nella sua essenza fondamentale;

- devono essere definiti gli obiettivi;
- deve essere analizzato lo specifico settore nel quale si opera;
- si procede quindi alla selezione del mercato definendo grandi aree e gruppi di paesi, poi alla definizione dei mercati più favorevoli, infine si procede all'individuazione del mercato specifico;
- si deve poi identificare il profilo del partner ideale (cliente, agente, distributore, partner), e si devono valutare le diverse strategie di ingresso definendo quella più opportuna;
- deve essere individuato il prodotto o il servizio migliore per l'internazionalizzazione verificando tutte le caratteristiche;
- di valuta quindi la fattibilità economica-finanziaria del progetto internazionale;
- infine si definisce un programma per la tempistica di realizzazione, prevedendo dei piani di emergenza.

Nel caso di realizzazione di presenze dirette, sia produttive che commerciali, diventerà molto importante la componente relativa agli investimenti diretti da effettuare (immobilizzazioni, partecipazioni, costi di mantenimento della struttura, capitale umano ecc.), quindi il piano degli investimenti (che riporta tutti gli immobilizzi di rilievo).

La presentazione del progetto

La *presentazione* è una componente molto importante del Business Plan Internazionale, in particolare se questo verrà utilizzato dall'imprenditore per ottenere finanziamenti o dal management aziendale per ottenere dalla proprietà un impegno finanziario.

Anche se la presentazione è riportata all'inizio del Business Plan Internazionale, è molto importante che venga preparata come ultima parte, in modo che in estrema sintesi riporti tutti gli elementi essenziali che scaturiscono dalla redazione dell'intero Plan. Questo non vuol dire che la presentazione debba essere confusa con le conclusioni finali.

Infatti, la presentazione deve poter essere letta brevemente in sostituzione dell'intero Business Plan, per poter decidere se leggere l'intero documento o approfondire solo alcuni degli argomenti trattati. La presentazione deve essere scritta in modo che sia facile da leggere e da comprendere, cercando di mantenerla entro una lunghezza di una o due pagine.

Deve includere i dati di base dell'azienda e del promotore del progetto (il nome della società, tutti i dati utili, i recapiti ecc.). Deve fornire una breve descrizione delle attività, con una breve storia, la descrizione del prodotto o del servizio e i risultati economici principali.

Deve descrivere in sintesi l'obiettivo del Business Plan e le ragioni per le quali si vuole andare sui mercati internazionali. I mezzi attraverso i quali s'intende farlo, le modalità, la tempistica programmata e la descrizione di come l'attività di internazionalizzazione si inserisce nel contesto aziendale attuale.

Foglio di lavoro n. 1 – La redazione della presentazione del progetto

1. Qual è lo scopo principale della preparazione di questo Business Plan Internazionale (preparare l'azienda per una nuova attività internazionale, organizzare l'attività internazionale già esistente ecc.)?

2. In che area si vuole sviluppare il progetto (produzione, servizi, commercio all'ingrosso, trasferimento di tecnologia e know-how ecc.)?

3. Quali sono i principali prodotti o servizi che attualmente l'azienda vende sul mercato?

4. Quando è stata fondata l'azienda e qual è la situazione attuale? È un'impresa nuova o un'impresa già esistente che vuole espandersi a livello internazionale?

5. Qual è la forma societaria dell'azienda che promuove il progetto (ditta individuale, società di persone, società di capitali)? Chi la possiede? Quali sono le ripartizioni delle quote?

6. In che modo il prodotto o il servizio dell'impresa soddisfa un bisogno nel mercato domestico (evidenziare le particolarità rispetto alla concorrenza)?

7. Quale sarà il bisogno soddisfatto dal prodotto o dal servizo sul mercato internazionale?

8. Quali sono i risultati a breve e a lungo termine che l'azienda ipotizza di realizzare attraverso gli sviluppi internazionali?

9. In che modo l'azienda intende espandersi a livello internazionale (descrivere brevemente le azioni che saranno

adottate per identificare e per accedere ai mercati internazionali)?

10. In che modo le nuove attività internazionali si inseriranno nella struttura aziendale esistente (descrivere se sarà creata una posizione specifica per sviluppare i mercati internazionali, o attraverso le risorse interne esistenti o attraverso risorse esterne ecc.)?

11. Quali sono i tempi e le fasi di attuazione previste?

RIEPILOGO DEL CAPITOLO 1:

- SEGRETO n. 1: È sbagliato sopperire a scarsa cultura e competenze all'internazionalizzazione semplicemente evitando di prendere in considerazione questo limite. Provvedete iniziando un percorso veramente nuovo, consultando quando necessario gli esperti e trovando con loro il giusto rapporto.

- SEGRETO n. 2: Non considerate l'internazionalizzazione come un'attività secondaria rispetto a quella principale, dedicandovi solo risorse e tempo marginali. Il vero problema non è la scarsità di capitali, ma il fatto che il più delle volte i soldi vengono spesi male.

- SEGRETO n. 3: Non bisogna ritenere che l'internazionalizzazione può avere successo semplicemente replicando quanto fatto in Italia spendendo il minimo delle risorse perché il più è già stato fatto. Portare un'azienda su uno o su più mercati esteri è altrettanto difficile quanto iniziare una nuova impresa partendo da zero.

- SEGRETO n. 4: Non cedere alla facile tentazione di non fare accurate previsioni, al contrario fare sforzi di previsione diminuisce moltissimo il livello di incertezza, minimizza il rischio e rende massime le probabilità di successo.

- SEGRETO n. 5: Non esiste una metodologia di business plan internazionale valida per ogni tipo di progetto. Porsi nella posizione di realizzare un Business Plan Internazionale e tentare con molta convinzione di attuarlo seriamente è il primo passo importante verso un approccio corretto.

CAPITOLO 2:

Come analizzare la situazione di partenza

L'analisi interna e la situazione attuale

Per un'impresa che vuole affacciarsi per la prima volta sui mercati internazionali, o che vuole iniziare a strutturarsi opportunamente per un'azione di internazionalizzazione, è di estrema importanza effettuare prima di tutto un'autoanalisi per individuare i propri punti di forza e di debolezza, i vantaggi competitivi e una valutazione dei fattori critici.

Ci si deve quindi chiedere prima di tutto se è opportuno o meno crescere e svilupparsi internazionalmente. Esistono circostanze e momenti nei quali la decisione di espandersi internazionalmente è la scelta più opportuna per lo sviluppo e il consolidamento di una impresa. Ma non è sempre detto che questa sia la strada migliore o il momento adatto per attuare un'azione di sviluppo. In queste prime valutazioni è fondamentale tenere presente che il processo di internazionalizzazione copre un orizzonte temporale di medio e lungo periodo. È quindi molto importante valutare l'adeguatezza e la disponibilità delle risorse e delle competenze disponibili all'interno dell'azienda per affrontare al meglio il proprio percorso di internazionalizzazione, anche al fine di intervenire per tempo per migliorare quegli aspetti laddove vi fossero delle carenze. Vediamo di seguito gli aspetti più rilevanti da analizzare e da valutare.

SEGRETO n. 6: il processo di internazionalizzazione copre un orizzonte temporale di medio-lungo periodo, è quindi molto importante valutare sin dall'inizio l'adeguatezza e la disponibilità delle risorse e delle competenze disponibili all'interno dell'azienda.

Il grado di convinzione della proprietà e del management

Deve essere prima di tutto valutato quanto i proprietari dell'impresa o i dirigenti dell'azienda o i promotori del progetto hanno valutato attentamente la decisione di internazionalizzare. Se sono consapevoli di ciò che necessita in termini di risorse umane e se sono disposti a effettuare gli investimenti necessari per portare in azienda le competenze e i mezzi necessari. Una scelta di questo tipo richiede una certa convinzione e l'impegno a perseguire con coerenza la linea strategica stabilita. Le situazioni che si prospetteranno dovranno essere affrontate senza modifiche dettate da situazioni contingenti dell'ultimo momento, ma dovranno seguire un piano e un programma ben progettato e definito.

La dichiarazione di impegno all'internazionalizzazione

Una metodologia fondamentale per valutare e confermare il grado di convinzione all'internazionalizzazione della proprietà e del management è di redigere una dichiarazione di impegno all'internazionalizzazione. La dichiarazione deve riportare in modo chiaro e inequivocabile l'impegno dell'azienda a dedicare le risorse necessarie di tempo, di personale e finanziarie, per lo sviluppo sui mercati internazionali.

Per affrontare con successo i mercati esteri si devono avere solide motivazioni e chiari obiettivi. Si deve quindi avere l'impegno e il coinvolgimento dai livelli più alti della proprietà e del management scendendo giù per tutti i livelli funzionali dell'azienda. In molte aziende – soprattutto in quelle che hanno da poco iniziato a guardare ai mercati esteri – l'impegno per lo sviluppo dei mercati internazionali può essere facilmente dimenticato una volta che emergeranno le priorità e le urgenze sul mercato domestico, e si tenderà troppo facilmente a dare la precedenza a queste ultime.

Mettendo l'impegno della politica di internazionalizzazione in forma scritta e considerandola parte integrante anche sul piano formale della politica aziendale complessiva, si avranno maggiori probabilità che venga presa con la dovuta serietà anche in seguito.

SEGRETO n. 7: per confermare il grado di convinzione all'internazionalizzazione della proprietà e del management è consigliabile redigere in forma scritta una dichiarazione di impegno dell'azienda a dedicare le risorse necessarie per lo sviluppo sui mercati internazionali.

Foglio di lavoro n. 2 – La redazione della dichiarazione di impegno all'internazionalizzazione

1. Elencare tutti i livelli funzionali dell'azienda che hanno espresso un forte impegno all'internazionalizzazione.
2. La direzione e la proprietà dell'azienda sono realmente

convinti dell'importanza strategica del progetto di internazionalizzazione?

3. I titolari, il top management e lo staff designati all'area internazionale avranno sufficiente tempo da dedicare a viaggi e missioni nei mercati esteri per incontrare i potenziali distributori, gli agenti o i partner di affari?

4. L'azienda ha i fondi necessari per coprire i costi del personale supplementare, per le modifiche del prodotto eventualmente necessarie, per le consulenze legali, fiscali e amministrative necessarie?

5. La direzione e la proprietà dell'azienda sono disposte a rinunciare ai profitti immediati e ai costi maggiori nel periodo di valutazione e di ingresso nel nuovo mercato?

6. La direzione è consapevole che i costi di avvio possono essere a volte elevati (viaggi, missioni commerciali, costi di negoziazione, consulenze, permessi, autorizzazioni ecc.)?

7. La direzione è disposta a effettuare gli investimenti necessari per preparare l'azienda ai mercati internazionali?

8. La direzione ha una chiara comprensione del tempo necessario per individuare e per accedere ai nuovi mercati esteri?

9. Si ha la consapevolezza che questa può variare moltissimo in

dipendenza della tipologia di progetto, di prodotto o servizio, di mercato individuato e di strategia adottata?

10. In base a quali esperienze o informazioni è stata formulata questa valutazione (reali e concrete conoscenze del processo di internazionalizzazione, precedenti esperienze, esperienze di altri ecc.)?

11. Si è consapevoli che molto spesso le informazioni che si ricevono in modo occasionale, anche se provenienti da fonti giudicate affidabili, possono essere non valide per il caso specifico?

12. Si è consapevoli che un'analisi approfondita spesso non conferma le ipotesi iniziali e che questo fatto può e deve essere preso come un dato importante?

13. Si è pronti ad abbandonare l'ipotesi iniziale per attuare un percorso forse diverso da quello inizialmente ipotizzato?

14. Si è consapevoli della probabile necessità di doversi avvalere di risorse esterne per lo sviluppo delle competenze necessarie alla gestione dei mercati internazionali?

La valutazione delle risorse e delle competenze disponibili

Per la corretta valutazione della possibilità di realizzazione e successo dell'iniziativa di internazionalizzazione progettata è importante valutare se le risorse umane disponibili in azienda hanno il giusto grado di competenza e di esperienza, o le reali conoscenze per poterle acquisire in tempi relativamente brevi. È quindi necessario verificare se esistono in azienda profili professionali e manageriali in grado di comprendere e interpretare gli aspetti relativi ai mercati internazionali.

Partendo dall'analisi dei principali processi aziendali, deve essere fatta una mappatura delle competenze del personale in azienda per individuare le conoscenze e le potenzialità che ogni individuo è in grado di offrire per gli obiettivi di business internazionale che si vogliono perseguire. La mappatura serve inoltre a pianificare eventuali interventi di formazione per colmare le lacune riscontrate o per decidere di reperire esternamente le risorse necessarie.

È di fondamentale importanza individuare e inserire in azienda profili professionali **capaci di valutare e orientare al meglio le scelte strategiche** sui diversi mercati esteri e in grado di poter gestire il percorso di internazionalizzazione. Così come se esistono in azienda risorse tecniche in grado di progettare e realizzare eventuali adattamenti dell'offerta del prodotto o servizio in relazione alle richieste del nuovo mercato.

SEGRETO n. 8: è importante valutare se le risorse umane disponibili in azienda abbiano il giusto grado di competenza e di esperienza e le reali conoscenze, o se possano acquisirle in tempi relativamente brevi attraverso la formazione o decidere di reperire esternamente le risorse necessarie.

Altra fondamentale risorsa da valutare è quella delle disponibilità finanziarie. Un progetto di internazionalizzazione richiede investimenti e impieghi di risorse economiche ed è quindi importante programmare e definire in anticipo le fonti di provenienza, interne o esterne. In relazione a questo aspetto assume particolare importanza la stesura di un Business Plan Internazionale da presentare a coloro che dovranno finanziare l'iniziativa.

Foglio di lavoro n. 3 – La valutazione delle competenze interne

1. Esistono in azienda una o più figure professionale che conoscano bene l'inglese (e possibilmente una seconda lingua) in grado di trattare correttamente i diversi soggetti coinvolti nel progetto di internazionalizzazione?

2. Esiste in azienda una figura manageriale con esperienza internazionale?

3. Si è consapevoli che per affrontare i mercati internazionali occorre avere esperienze in materia di pagamenti internazionali, in contrattualistica e fiscalità internazionale, nella logistica internazionale, nelle problematiche doganali ecc.?

4. Esiste in azienda un export manager o un'altra figura manageriale internazionale?

5. Esiste in azienda un ufficio estero con personale che comunica correntemente in una o più lingue, con esperti in pagamenti internazionali, in contrattualistica e fiscalità internazionale, nella logistica internazionale e nelle problematiche doganali?

6. Avete in azienda persone che abbiano le necessarie doti di professionalità, flessibilità, capacità di adattamento e apertura

mentale?

7. Come possono adattarsi alla struttura organizzativa esistente le operazioni internazionali che verranno attuate (ad esempio: se verrà definita una nuova area marketing; se la funzione sarà assunta dal direttore generale o dall'ufficio marketing già esistente e se saranno utilizzate risorse esterne)?

8. Come le operazioni internazionali possono adattarsi alla struttura organizzativa esistente nel corso del primo anno e nel corso dei successivi tre anni?

9. Quali sono gli altri dipartimenti all'interno dell'azienda che assumeranno funzioni correlate con gli aspetti internazionali (ad esempio la contabilità, le spedizioni ecc.)?

10. Quali sono le funzioni che dovranno essere assegnate all'esterno dell'azienda? Quali saranno esattamente queste risorse esterne?

11. Avete valutato e individuato i consulenti e i professionisti specializzati per la ricerca di mercato, di agenti e/o distributori, per la gestione dei contatti, per l'impostazione e per l'avvio del progetto?

Di seguito si riporta un modello di prospetto che può essere utile per:

- evidenziare le aree di abilità necessarie per operare all'estero;

- definire le risorse interne esistenti da qualificare per coprire alcune aree di competenza internazionale;

- identificare le aree in relazione alle quali sono necessarie consultazione e assistenza esterna qualificata.

Per ogni area identificare il nome della persona (se interna) o dell'organizzazione (se risorsa esterna), ad esempio lo spedizioniere doganale in relazione ai problemi relativi alla documentazione doganale e alle spedizioni, una banca di fiducia in relazione ai pagamenti internazionali e ai finanziamenti in ambito internazionale ecc.

Area di specializzazione Internazionale	Risorsa interna specializzata	Risorsa interna da formare	Risorsa esterna: - consulente - societ à di servizi
- Analisi dei mercati int.li - Analisi del settore - Spedizioni - Documentazione doganale - Traduzioni e interpretariato - Aspetti legali - Pagamenti internazionali - Finanziamenti - Aspetti amm.vi e fiscali - Rapporti con i partner esteri - Analisi finanziaria - Management internazionale - Altri aspetti specifici			

Gli obiettivi da raggiungere con l'internazionalizzazione

La definizione degli obiettivi è estremamente importante. Per una migliore organizzazione del programma definito nel Business Plan Internazionale questi dovrebbero essere suddivisi in obiettivi primari e obiettivi secondari.

Gli obiettivi principali dovrebbero tendenzialmente concentrarsi sulla crescita di lungo termine attraverso un aumento del volume delle vendite, degli utili e delle quote di mercato e in generale al miglioramento della posizione competitiva dell'azienda sia a livello nazionale che internazionale.

Gli obiettivi secondari potrebbero essere centrati sull'allargamento del mercato di riferimento per la diversificazione del rischio, per la compensazione degli andamenti stagionali, per l'utilizzo di eventuali capacità produttive in eccesso e per l'estensione del ciclo di vita del prodotto.

Nel documento che definisce gli obiettivi, devono essere ben descritti sia quelli primari che quelli secondari, sia quelli di breve termine che quelli di medio e lungo periodo. Devono essere valutati e studiati attentamente, poiché se congrui e appropriati renderanno il processo di internazionalizzazione molto più agevole e di maggior successo, altrimenti possono avere effetti negativi fuorviando il percorso di sviluppo. Se dall'analisi emergono obiettivi poco chiari e non del tutto definiti è importante che vengano valutati di nuovo insieme a un esperto.

SEGRETO n. 9: la definizione degli obiettivi è estremamente importante. Se non sono del tutto chiari e poco definiti è importante che vengano rivisti e rivalutati fintantoché non vengano chiariti del tutto.

Foglio di lavoro n. 4 – La definizione degli obiettivi

1. In che modo l'internazionalizzazione può aiutare l'azienda a raggiungere i propri obiettivi di medio e lungo termine?
2. Quali sono gli obiettivi primari che si vogliono raggiungere attraverso l'internazionalizzazione?
3. Quali sono gli obiettivi secondari che si vogliono raggiungere attraverso l'internazionalizzazione?
4. Quali sono gli obiettivi dell'azienda per il primo anno in

relazione all'attività internazionale (ad esempio: apprendere le modalità corrette di esportazione, ricercare i mercati esteri più adatti ecc.)?

5. Quali sono gli obiettivi dell'azienda per i prossimi tre anni in relazione all'attività internazionale?

6. Quali sono gli obiettivi di lungo termine dell'azienda per i prossimi cinque anni (ad esempio, aumentare le vendite per l'esportazione dell'x% annuo, guadagnare quote di mercato globale ecc.)?

L'analisi del settore

Le caratteristiche del settore in cui opera l'impresa condizionano notevolmente la redditività dell'azione di internazionalizzazione che si vuole intraprendere. Si dovrà quindi formulare una strategia che tenga conto di tutte le sue caratteristiche. Non si deve confondere il settore, che comprende l'insieme delle attività riconducibili a una determinata categoria di prodotti e servizi, con il mercato di riferimento, che è quello composto dagli acquirenti di quei prodotti o servizi specifici.

L'analisi si attua valutando tutti gli elementi e le forze che determinano la struttura del settore e che ne condizionano l'evoluzione. Valutando quindi le aziende che operano e offrono lo stesso tipo di prodotto sul mercato (le politiche commerciali attuate, le politiche dei prezzi applicati, l'introduzione di nuovi prodotti, i servizi offerti pre e post-vendita, e le campagne promozionali utilizzate). Vanno inoltre considerati potenziali entranti nel mercato e la presenza o meno di barriere all'entrata che ne influiscono la possibilità di ingresso (economie di scala, necessità di autorizzazioni e di licenze, accesso ai canali di distribuzione).

Vanno presi quindi in considerazione i produttori di beni analoghi sostitutivi e complementari, e il rapporto tra la qualità e il prezzo dei prodotti sostitutivi. Devono poi essere valutati i fornitori che operano nel settore, la loro dimensione, la loro localizzazione, il loro potere contrattuale (questo dipenderà da diversi fattori come la dimensione della nostra azienda, dai costi di trasporto degli altri fornitori ecc.).

Altra categoria da analizzare sono i clienti del settore, le loro caratteristiche e le loro motivazioni all'acquisto. Da ultimo vanno presi in considerazione gli enti e le agenzie che governano e regolano il settore, che in molti casi possono avere un ruolo rilevante in quanto definiscono la normativa di riferimento.

L'analisi del settore può non riuscire a mettere in evidenza l'esistenza di particolari nicchie perché normalmente si attua su grandi aggregati. Quindi non è una valutazione completa e definitiva, ma serve solo come passo iniziale molto importante per inserire in un quadro generale e complessivo l'analisi che verrà sviluppata con le metodologie descritte di seguito.

Le informazioni per questa analisi sono spesso ottenibili dalle associazioni di categoria che producono studi di settore che contengono anche gli andamenti su scala mondiale o per per aree o raggruppamenti di paesi. Altra fonte sono i clienti e i fornitori di quel settore, i professionisti specializzati e le fiere di settore.

SEGRETO n. 10: le caratteristiche del settore in cui si opera condizionano notevolmente la redditività dell'azione di internazionalizzazione che si vuole intraprendere. È molto importante formulare una strategia che tenga conto di tutte le

caratteristiche del settore valutando tutti gli elementi e le forze che ne determinano la struttura e che ne condizionano l'evoluzione.

Foglio di lavoro n. 5 – L'analisi del settore

1. Quali sono le tendenze di crescita attese per il settore in cui opera l'azienda per i prossimi 3-5 anni?
2. In che fase del ciclo è attualmente il settore?
3. Quanto è sensibile il settore al prezzo sia in casa che sui mercati esteri?
4. Come stanno andando e come operano i concorrenti stranieri del settore sul mercato italiano?
5. Ci sono aziende italiane del settore che stanno esportando prodotti simili con successo?
6. L'azienda ha familiarità con la crescita del settore e con le prospettive del mercato globale?
7. Quali sono i nuovi mercati e le aree di sviluppo per il settore?

RIEPILOGO DEL CAPITOLO 2:

- SEGRETO n. 6: Il processo di internazionalizzazione copre un orizzonte temporale di medio e lungo periodo, è quindi molto importante valutare sin dall'inizio l'adeguatezza e la disponibilità delle risorse e delle competenze disponibili all'interno dell'azienda.

- SEGRETO n. 7: Per confermare il grado di convinzione all'internazionalizzazione della proprietà e del management è consigliabile redigere in forma scritta una dichiarazione di impegno dell'azienda a dedicare le risorse necessarie per lo sviluppo sui mercati internazionali.

- SEGRETO n. 8: È importante valutare se le risorse umane disponibili in azienda abbiano il giusto grado di competenza e di esperienza e le reali conoscenze, o se possano acquisirle in tempi relativamente brevi attraverso la formazione o decidere di reperire esternamente le risorse necessarie.

- SEGRETO n. 9: La definizione degli obiettivi è estremamente importante. Se non sono del tutto chiari e poco definiti è importante che vengano rivisti e rivalutati fintantoché non vengano chiariti del tutto.

- SEGRETO n. 10: Le caratteristiche del settore in cui si opera condizionano notevolmente la redditività dell'azione di internazionalizzazione che si vuole intraprendere. È molto importante formulare una strategia che tenga conto di tutte le sue caratteristiche valutando tutti gli elementi e le forze che ne determinano la struttura e che ne condizionano l'evoluzione.

CAPITOLO 3:

Come individuare e scegliere il mercato

Portare la nostra impresa sui mercati internazionali, se si sbaglia mercato, può risultare dispersivo e costoso, per questo è importante pianificare la strategia e individuare i mercati di destinazione con molta cura. La prima importante decisione è quindi quella della selezione dei mercati nei quali si vuole andare a operare. Se pensiamo ai diversi paesi del mondo, in teoria abbiamo quasi 200 possibili nuovi mercati. Tra questi dobbiamo effettuare una prima selezione affinché sia poi possibile passare a una ricerca più approfondita.

Il raggruppamento dei paesi

Per iniziare a identificare i paesi in cui per noi è meglio sviluppare l'azione di internazionalizzazione, iniziamo con l'individuare quelli che hanno maggiori possibilità di sviluppo per i nostri prodotti. In questa prima fase è preferibile considerare i paesi non singolarmente, ma per gruppi o combinazioni di paesi (aree geografiche, aeree linguistiche, aree culturali ecc.). In questa fase non dobbiamo concentrarci troppo sulla selezione del mercato più favorevole, ma dobbiamo cercare di eliminare i paesi che non rispettano i criteri di base che abbiamo stabilito e allo stesso tempo cercare di raggrupparli per aree omogenee.

SEGRETO n. 11: per iniziare a identificare i paesi in cui per noi è meglio sviluppare l'azione di internazionalizzazione, è preferibile iniziare a considerare i paesi non singolarmente ma per gruppi o combinazioni di paesi (aree geografiche, aeree linguistiche, aree culturali ecc.) cercando di eliminare quelli che non rispettano i criteri di base e raggruppandoli per aree omogenee.

Per attuare questa prima selezione si possono utilizzare diversi metodi. Questi non sono sempre preferibili uno rispetto all'altro e non sono validi in assoluto individualmente. Ognuno di essi contiene un particolare approccio che se utilizzato al meglio insieme agli altri può dare un ottimo risultato per un'analisi a tavolino.

Un primo metodo è prendere in considerazione **scelte già fatte in**

precedenza sui mercati internazionali. Tenendo conto delle eventuali nuove tendenze ed evoluzioni dei consumatori, delle reti di distribuzione e delle diverse caratteristiche modificate nel corso degli anni, quanto è stato fatto in passato può essere utile per le scelte di oggi.

Un altro metodo è fare un'**analisi comparativa con le altre aziende.** Osservando le scelte fatte dai propri concorrenti o da aziende che abbiano prodotti analoghi o complementari o succedanei ai nostri. Se queste aziende ottengono dei risultati su determinati mercati si cerca di analizzare le motivazioni e si valuta l'opportunità di fare lo stesso.

Un altro metodo ancora, è quello di analizzare i paesi in base al loro **stadio di sviluppo attuale** e in base a questo si valuterà se il paese (o i paesi) hanno un potenziale di ricezione dei nostri prodotti (quindi analizzando il reddito nazionale, il reddito pro-capite, l'andamento della bilancia dei pagamenti ecc.).

Un ulteriore metodo è quello dei **fattori chiave di successo.** Si definiscono alcuni fattori che vengono considerati indispensabili per il successo dell'azione di internazionalizzazione e in base a questi si procede alla selezione e alla verifica dei paesi o dell'area che si vuole prendere in considerazione.

Infine un ultimo metodo, che sintetizza in parte gli ultimi due sopra elencati, è **stabilire dei criteri di esclusione** che facciano da filtro e in base a questi selezionare i gruppi di paesi. I criteri che possono fare da filtro iniziale possono essere, a titolo di esempio: la distanza geografica massima, la raggiungibilità via autostrada o via mare, il numero massimo di giorni necessari per raggiungere il mercato con il mezzo di trasporto stabilito, il livello di sviluppo economico-politico (appartenenza al G7, o al G20, all'Ocse, all'UE, ai paesi emergenti, ai paesi del Centro o Est Europa ecc.), il livello di crescita economica (con una crescita attuale e prevista di aumento del PIL superiore al 3%, oppure al 5%), livello di crescita delle importazioni negli ultimi 3 anni (ad esempio superiore al 5% annuo ecc.), lingue parlate nell'area (inglese, francese, spagnolo, lingue slave, mandarino, arabo ecc.).

SEGRETO n. 12: per iniziare a selezionare i paesi si possono utilizzare diversi metodi non sempre preferibili l'uno rispetto

all'altro e non validi in assoluto individualmente. **Ognuno di essi contiene un particolare approccio che se utilizzato al meglio insieme agli altri può dare un ottimo risultato per un'analisi a tavolino.**

Foglio di lavoro n. 6 – L'identificazione dei gruppi di paesi o delle aree

1. In quale parte del mondo ci sono prodotti o servizi come i vostri?

2. Dove esportano o producono attualmente i vostri concorrenti nazionali?

3. Conoscete le possibilità offerte dagli accordi internazionali come i meccanismi dell'Unione Europea, gli accordi N.A.F.T.A., il C.A.R.I.C.O.M., Mercosur, il Patto Andino, l'accordo ASEAN, l'accordo che consente dalla Serbia di esportare in Russia senza dazi ecc.?

4. Conoscete gli acronimi BRICS, CIVET, NEXT 11, EAGLES?

5. Conoscete le caratteristiche di sviluppo delle diverse aree o dei diversi raggruppamenti di paesi?

6. In quale parte del mondo ci sono le condizioni opportune (economiche, politiche, tecnologiche, demografiche), che

indicano l'esistenza nel mercato di potenziali acquirenti finali del prodotto/servizio?

7. Indicare i raggruppamenti di paesi o aree con i quali ci si sentirebbe più a proprio agio per operare e per fare affari.

Se e non si è mai venduto all'estero prima, è probabilmente meglio prendere in considerazione mercati più vicini, come quelli Europei in crescita, che per la loro tendenza ad allinearsi con i paesi dell'Europa dell'Ovest sono molto interessanti e promettenti (ad esempio i mercati dell'Europa centro-orientale), piuttosto che la lontana Cina anche se ha tassi di crescita maggiori. In questo modo si può iniziare a fare una preziosa esperienza sulle attività internazionali che poi potrà essere utilizzata anche per mercati più grandi e lontani e con crescite più veloci e consistenti.

L'analisi sui singoli paesi

Dopo aver fatto la prima selezione con i metodi indicati in precedenza e aver determinato quali raggruppamenti di paesi o aree offrono le maggiori opportunità e che potrebbero essere interessanti, la ricerca può essere ulteriormente ridotta e circoscritta a circa 5 paesi o mercati potenzialmente validi. Il metodo per selezionare ulteriormente le aree o i gruppi di paesi individuati è quello di valutarli con quella che viene comunemente chiamata analisi PEST, che è l'acronimo inglese per *Political, Economic, Social e Technological*, che sono le quattro aree delle principali variabili sulle quali l'azienda normalmente non può influire.

Queste variabili sono quelle che determinano le opportunità o le minacce per l'impresa per operare in uno specifico mercato. Queste possono variare da paese a paese, quindi generalmente lo studio viene effettuato su base nazionale. Di seguito, si riportano i principali fattori che devono essere analizzati per attuare questa tipologia di analisi.

Foglio di lavoro n. 7 – L'analisi sui singoli paesi

Partendo dai risultati della selezione fatta con il precedente foglio di lavoro, utilizzando i fattori di seguito elencati, si procede con l'escludere tutti i paesi non considerati adatti, per arrivare a restringere la scelta a una selezione di soli cinque paesi o mercati.

Fattori politico-normativi:

- sistema di governo;

- stabilità politica;

- ruolo del governo nel mondo degli affari;

- legislazione in materia di concorrenza;

- regolamentazione del commercio internazionale;

- regolamenti in materia di società estere e normativa fiscale;

- legislazione sul lavoro, normativa antitrust e/o proprietà intellettuale;

- legislazione in materia ambientale;

- legislazione a tutela del consumatore;

- privatizzazioni;

- politica nazionale e politica internazionale;

- priorità di sviluppo economico;

- politiche salariali e legislazione sul lavoro;

- etichettatura prodotti;

- tracciabilità prodotti;

- normativa relativa alle importazioni, barriere tariffarie e non tariffarie;

- accesso al mercato e limitazioni in materia di commercio.

Fattori Economici:

- livello globale di sviluppo;
- livello di crescita economica;
- regime fiscale;
- reddito pro capite e distribuzione;
- reddito disponibile e modelli di spesa;
- produzione industriale e produzione di risorse naturali;
- bilancia commerciale;
- tassi d'interesse;
- inflazione;
- tassi di cambio;
- investimenti privati e investimenti pubblici;
- consumi privati e consumi pubblici;
- analisi della domanda potenziale;
- costo del lavoro;
- disoccupazione;
- distanze di spedizione e trasporto.

Fattori sociali (e culturali):

- popolazione e tendenze demografiche (crescita, anzianità, distribuzione geografica urbana e rurale ecc.);

- lingua;
- clima e meteo;
- distribuzione del reddito;
- struttura delle classi sociali;
- mobilità sociale;
- stili di vita, mode, tendenze, cambiamenti negli stili di vita;
- livelli di istruzione e tasso di alfabetizzazione;
- produzione e interessi culturali;
- cultura economica e per gli affari in generale, spirito imprenditoriale;
- pari opportunità.

Fattori tecnologici:
- spesa pubblica in ricerca tecnologica;
- investimenti privati in ricerca e sviluppo;
- disponibilità di infrastrutture tecnologiche (internet, telefonia mobile ecc.);
- velocità di trasferimento tecnologico;
- livello di innovazione tecnologica;
- tassi di obsolescenza della tecnologia;

- infrastrutture;
- recenti sviluppi tecnologici;
- spesa pubblica in tecnologia.

L'analisi PEST è relativamente semplice e poco costosa e viene affrontata solitamente attraverso metodologie a tavolino. Inoltre va considerato il fatto che nel mondo esistono molte unioni tra paesi, sia per tradizioni culturali che per lingua o area di appartenenza, di conseguenza l'analisi si semplifica ulteriormente. Terminata questa tipologia di analisi si dovrebbe essere riusciti a individuare e circoscrivere un numero ridotto di mercati.

SEGRETO n. 13: l'analisi effettuata valutando gli aspetti politici, economici, sociali e tecnologici è relativamente semplice e poco costosa, può essere fatta a tavolino e si semplifica ulteriormente perché esistono molte unioni tra paesi, sia per tradizioni culturali che per lingua o area di appartenenza.

In base all'analisi svolta tenendo conto degli elementi e dei fattori sopra descritti, indicare i cinque paesi o mercati con i quali ci si sentirebbe più a proprio agio per operare e fare affari.

1. _____

2. _____

3. _____

4. _____

5. _____

La selezione di uno o due paesi e la scelta del mercato target

Gran parte del lavoro di selezione dei mercati di destinazione è già stata completata. Sarà necessario ora restringere la ricerca a uno o due mercati che saranno oggetto della concentrazione delle azioni di marketing e delle strategie di ingresso.

L'analisi precedente e quella che segue hanno dei punti di sovrapposizione, ma la prima è preliminare alla seconda. Mentre nella precedente analisi si è analizzato il macroambiente e i fattori che lo caratterizzano, **ora si analizza il microambiente** che caratterizza il mercato locale e sul quale l'azienda può in parte intervenire per modificarlo. Quest'ultima analisi viene attuata sia per la scelta del singolo mercato sia per effettuare le prime valutazioni di marketing.

Si valuteranno quindi tutti gli elementi che costituiscono opportunità e minacce, i punti di forza e i punti di debolezza sulla rosa ristretta di mercati che sono stati individuati con il metodo precedentemente descritto, per giungere alla definizione del mercato per noi più adatto. In relazione a quello specifico mercato bisognerà quindi identificare e valutare chi sono i potenziali acquirenti e quali sono le loro reali esigenze facendo un'opportuna segmentazione.

Dobbiamo valutare e comprendere le caratteristiche dei consumatori su quel mercato: quali sono le motivazioni di acquisto, dove i prodotti vengono acquistati, quando vengono acquistati (se hanno una variabilità stagionale, se sono più adatti a un periodo di crisi o di espansione economica ecc.). Dobbiamo valutare tutti gli elementi che influenzano e condizionano le decisioni di acquisto da parte dei clienti (il reddito, l'età, il sesso, il livello di educazione ecc.), e tutti gli elementi che condizionano e influenzano le vendite (la qualità, il prezzo, la distribuzione, la promozione ecc.). Dobbiamo inoltre individuare e analizzare chi sono i principali concorrenti per quel determinato mercato e come operano. Comprendere come hanno risolto eventuali problemi e criticità su quel mercato, che gamma di prodotti offrono, la qualità degli stessi, i prezzi e il servizio offerto, scoprire gli eventuali punti deboli e comprendere quali potrebbero essere le nostre caratteristiche distintive. È importante non limitarsi alla percezione superficiale che potrebbe facilmente trarre in inganno, ma attuare un'analisi articolata e approfondita.

SEGRETO n. 14: sulla rosa ristretta di mercati che sono stati individuati analizzando gli aspetti politici, economici, sociali e tecnologici, dovranno essere valutati tutti i punti di forza e di debolezza e le opportunità e le minacce per giungere alla definizione del mercato per noi più adatto.

Foglio di lavoro n. 8 – La selezione del mercato target

1. Quali sono le norme e gli standard locali che rappresentano delle barriere all'ingresso? Vi sono regolamentazioni interne che possono pregiudicare l'ingresso del nostro prodotto? Sono previste tariffe e quote d'importazione? Vi sono restrizioni

valutarie e contingenti? Qual è la prassi per le importazioni e quale la documentazione necessaria? C'è la possibilità di riduzione delle tariffe per i prodotti assemblati localmente?

2. Com'è la legislazione locale in materia di proprietà intellettuale? Qual è la tassazione interna? Quanto incide? Com'è la legislazione relativa a tutti gli aspetti rilevanti per il nostro progetto di internazionalizzazione?

3. Qual è la dimensione del mercato e quali sono le proiezioni di crescita? Quali sono le potenzialità del prodotto? Quali sono le esigenze del cliente su quel mercato? Quanto è il consumo locale? C'è una produzione locale? Quante sono le importazioni rispetto al consumo?

4. Quali sono i canali di vendita? Com'è organizzata la distribuzione? Quali sono le pratiche standard nella distribuzione su quel mercato? C'è disponibilità di partner per la distribuzione? Esiste ed è consolidata la figura dell'agente? Ci sono molti distributori sul mercato? Com'è in generale l'accesso alla distribuzione locale?

5. La concorrenza rappresenta una seria minaccia? Il settore nello specifico mercato è molto concentrato? I leader detengono le quote importanti del mercato e sono fortemente specializzati?

La concorrenza è polverizzata e non rappresenta una minaccia? Il prodotto va a inserirsi in una sua nicchia specifica?

6. La concorrenza come ha risolto le criticità tipiche di quel mercato?

7. Che gamma di prodotti offre la concorrenza? Come sono la qualità, i prezzi e il servizio offerti?

8. Quali sono i punti deboli della concorrenza? Quali i punti di forza? Quali potrebbero essere le nostre caratteristiche distintive rispetto alla concorrenza?

9. Com'è in generale la ricettività di prodotti italiani? I prodotti analoghi italiani sono conosciuti?

10. Ci sono le condizioni per la fabbricazione in loco? C'è disponibilità di lavoro e competenza?

In base alle risposte date alle domande che precedono in relazione ai 5 paesi o mercati individuati precedentemente, restringere l'elenco indicando uno o due paesi o mercati con i quali risulterebbe più opportuno iniziare a sviluppare un'azione di internazionalizzazione.

1. _____

2. _____

Può essere fatta un'ulteriore verifica rispondendo alle domande che seguono:

1. Ci si sentirebbe a proprio agio ad operare e fare affari nei due paesi/mercati che sono emersi dall'analisi precedente? Indicare il motivo sia in caso positivo sia in caso negativo.

2. I due paesi che sono emersi dall'analisi precedente sono vicini l'uno con l'altro? Sono sullo stesso continente?

3. I due paesi che sono emersi dall'analisi precedente sono simili in cultura d'impresa, nei metodi di distribuzione, nelle preferenze dei consumatori, nelle norme e nei regolamenti?

4. I due paesi che sono emersi dall'analisi precedente sono serviti dalle stesse fiere per le principali industrie e i principali settori?

Se a queste domande la risposta è negativa potrebbe valere la pena rivalutare di nuovo la selezione dei due mercati prescelti andando a rivedere e rivalutare di nuovo gli altri mercati che erano nel raggruppamento dei 5 paesi o aree selezionate in precedenza. Questo perché gli sforzi di marketing internazionale potrebbero risultare diluiti a causa delle grandi differenze nei mercati di destinazione individuati.

SEGRETO n. 15: se a una verifica più approfondita e articolata sui due paesi prescelti non si hanno risposte positive è importante rivedere di nuovo l'analisi, perché gli sforzi di marketing internazionale potrebbero risultare diluiti a causa delle grandi differenze nei mercati di destinazione individuati.

Sulla base dei risultati delle domande precedenti, scrivere qui di seguito quali sono i due mercati target individuati:

1. _____

2. _____

Un'ulteriore e più puntuale valutazione è rappresentata dall'individuazione della città di un determinato paese o dalla regione nella quale si intende concentrare la nostra azione. Utilizzando i medesimi criteri usati in precedenza, possiamo fare un'analisi interna al paese o all'area di paesi e possiamo individuare una città o una regione in cui iniziare esattamente l'attività di internazionalizzazione.

Per esempio: all'interno degli Stati Uniti possiamo decidere di iniziare dalla città di New York, perché riteniamo che vi siano le condizioni di partenza più adatte per il Nord America, oppure per l'area dell'Europa centro-orientale possiamo decidere di iniziare da Budapest, la cui zona metropolitana ha un reddito pro-capite più alto di tutta l'area, Abu Dhabi per i Paesi del Golfo, oppure in una città minore del mercato che abbiamo individuato perché è un importante crocevia di scambi, oppure è un polo tecnologico di eccellenza ecc.

Indicare la città dalla quale s'intende iniziare ad attuare la strategia di internazionalizzazione:

Città _____

RIEPILOGO DEL CAPITOLO 3:

- SEGRETO n. 11: Per iniziare a identificare i paesi in cui è per noi meglio sviluppare l'azione di internazionalizzazione, è preferibile iniziare a considerare i paesi non singolarmente ma per gruppi o combinazioni di paesi (aree geografiche, aeree linguistiche, aree culturali ecc.) cercando di eliminare quelli che non rispettano i criteri di base e raggruppandoli per aree omogenee.

- SEGRETO n. 12: Per iniziare a selezionare i paesi si possono utilizzare diversi metodi non sempre preferibili l'uno rispetto all'altro e non validi in assoluto individualmente. Ognuno di essi contiene un particolare approccio che se utilizzato al meglio insieme agli altri può dare un ottimo risultato per un'analisi a tavolino.

- SEGRETO n. 13: L'analisi effettuata valutando gli aspetti politici, economici, sociali e tecnologici è relativamente semplice e poco costosa, può essere fatta a tavolino e si semplifica ulteriormente perché esistono molte unioni tra paesi, sia per tradizioni culturali che per lingua o area di appartenenza.

- SEGRETO n. 14: Sulla rosa ristretta di mercati che sono stati individuati analizzando gli aspetti politici, economici, sociali e tecnologici, dovranno essere valutati tutti i punti di forza e i punti di debolezza e le opportunità e le minacce per giungere alla definizione del mercato per noi più adatto.

- SEGRETO n. 15: Se a una verifica più approfondita e articolata sui due paesi prescelti non si hanno risposte positive è importante rivedere di nuovo l'analisi perché gli sforzi di marketing internazionale potrebbero risultare diluiti a causa delle grandi differenze nei mercati di destinazione individuati.

CAPITOLO 4:

Come definire le strategie di ingresso

Le strategie di inserimento nel mercato internazionale e la scelta dei canali di ingresso

Una volta scelto il paese di nostro interesse dobbiamo decidere come inserirci nel mercato individuando la strategia più adatta da adottare per entrarvi. L'internazionalizzazione può essere attuata attraverso diverse modalità di entrata nel mercato che è stato selezionato, ognuna delle quali ha un diverso livello di coinvolgimento, di costi e di rischi.

Alle diverse modalità di entrata nel mercato corrispondono i diversi modelli di business internazionale. Questi normalmente riflettono il grado di sviluppo internazionale che l'impresa ha raggiunto o che vuole sviluppare. Lo sviluppo della strategia di internazionalizzazione di un'azienda segue normalmente un percorso sequenziale: iniziando con la semplice esportazione dei propri prodotti fino ad arrivare all'investimento commerciale o produttivo nel paese estero, con un grado di coinvolgimento dell'impresa sempre maggiore. Ma non è sempre detto che questo percorso sia quello ottimale e il più adatto da attuare.

Il passo più semplice e meno rischioso di ingresso in un mercato estero è normalmente l'esportazione. Questa ha però il limite di consentire minori opportunità di sviluppo perché non si hanno leve importanti sul mercato estero da poter manovrare (come la distribuzione, il prezzo e la politica commerciale, la gamma dei prodotti ecc.). Il livello successivo alla semplice esportazione è la stipula di accordi di licenza o accordi analoghi oppure la creazione di una propria filiale commerciale estera. La realizzazione di una filiale commerciale ha come obiettivo quello di far conoscere i propri prodotti instaurando relazioni più stabili e dirette con i partner sul mercato estero. Un passo successivo per complessità e coinvolgimento nel percorso di internazionalizzazione è la realizzazione in un determinato paese estero di un vero e proprio investimento diretto produttivo. Le motivazioni principali che spingono alla realizzazione di un investimento produttivo in un determinato paese possono essere sia la produzione per la commercializzazione su quel mercato e sulla sua area circostante, sia la riduzione dei costi di produzione, spostando all'estero solo alcune delle funzioni produttive (il cosiddetto decentramento produttivo) come avviene per molti degli investimenti italiani realizzati nei diversi paesi dell'Europa centro-orientale.

Normalmente quando si parla delle strategie di ingresso si fa riferimento alle attività che l'impresa svolge all'estero e al coinvolgimento o meno di terzi. Mentre quando si parla dei canali di entrata si fa riferimento alle forme organizzative attraverso le quali il prodotto arriva sul mercato.

Le principali strategie di ingresso e i canali di entrata

Schema di riepilogo delle diverse strategie di ingresso e dei canali di entrata nel mercato internazionale.

Strategie di entrata nel mercato (Attività svolte all'estero e coinvolgimento di terzi)	Canali o modalità di ingresso nel mercato (Forme organizzative)
ESPORTAZIONE INDIRETTA (esportazione) L'azienda non si occupa dell'attività di esportazione che vengono realizzate da altre azende, nazionali oppure estere	• Il buyer, • Gli agenti di acquisto • Il broker • La trading company • Il general contractor • L'importatore estero • Le societa' nazionali di export management
ESPORTAZIONE DIRETTA (esportazione) L'azienda si occupa direttamente dell'attività di esportazione che attua attraverso suoi dipendenti, o con organizzazioni proprie o ad essa collegate	• Personale interno di vendita • Il venditore dipendente • L'agente di vendita all'estero • Il concessionario di vendita • Il distributore estero • L'ufficio di rappresentanza • (La filiale di vendita)
STRATEGIE DI COLLABORAZIONE TRA AZIENDE (contrattuali) L'azienda per la propria attivita' di internazionalizzazione non intende costituire all'estero una propria unita' produttiva o commerciale con un investimento diretto (non fa quindi sorgere una societa' comune), ma la attua attraverso accordi contrattuali	• Licensing • Franchising • Joint ventures contrattuali • Alleanze strategiche • Contract manufacturing / Contratti di fornitura • OEM (Original Equipment Manufacturer) • Piggyback
INSEDIAMENTO PRODUTTIVO-COMMERCIALE (investimento diretto) L'azienda per la propria attivita' di internazionalizzazione effettua un investimento diretto di capitali acquistando una struttura gia' esistente (investimento *"brownfeeld"*), oppure creandola ex-novo (investimento *"greenfield"*)	• La filiale • La consociata commercial • La consociata produttivo-commerciale

SEGRETO n. 16: non è sempre detto che lo sviluppo sequenziale della strategia di internazionalizzazione, che inizia con la semplice esportazione dei propri prodotti fino ad

arrivare all'investimento commerciale o produttivo nel paese estero, sia il migliore e il più adatto per l'azienda.

Il canale indiretto

Con la strategia del canale indiretto l'azienda non costituisce una propria organizzazione per vendere all'estero ma cede i prodotti ad altre imprese intermediarie che si occupano di venderli sui mercati internazionali. In questi casi il mercato nazionale resta il più importante per l'impresa che non intende o non può investire o non vuole correre rischi. È una strategia consigliabile per le imprese che sono molto competitive con il prezzo, la qualità e la tecnologia i cui prodotti sono unici in una specifica nicchia di mercato o che hanno notevoli vantaggi competitivi per le caratteristiche del proprio prodotto.

I vantaggi di questa strategia sono:

- i costi e i rischi molto contenuti;
- le risorse finanziarie necessarie ridotte;
- le risorse umane da dedicare esigue;
- la buona conoscenza dei mercati degli intermediari;
- le formalità burocratiche (doganali, valutarie, di trasporto ecc.)

sono svolte dagli intermediari;

- i pagamenti certi e in tempi brevi;

Gli svantaggi di questa modalità sono:

- l'impresa non ha contatti diretti con i clienti, non ha quindi informazioni sul mercato e sulle sue evoluzioni (prezzi, gusti ecc.);
- il conseguente rischio di produrre articoli che il mercato non richiederà più;
- il pericolo che l'intermediario si rivolga a un concorrente;
- gli intermediari tendono a spingere solo la vendita dei prodotti più facili da vendere o che offrono maggiori possibilità di guadagni, per ottenere buoni risultati nel breve periodo;
- gli intermediari spesso non possono o non sono interessati ad assistere i clienti in modo adeguato dopo aver effettuato la vendita.

Le forme organizzative più rilevanti di esportazione indiretta sono:

- il buyer;
- gli agenti di acquisto;

- il broker;

- la trading company;

- il general contractor;

- l'importatore estero;

- le società nazionali di export management.

SEGRETO n. 17: con la strategia del canale indiretto l'azienda cede i prodotti a intermediari che si occupano di venderli sui mercati internazionali, il mercato nazionale resta il più importante; è consigliabile per le imprese che hanno notevoli vantaggi competitivi per le caratteristiche del proprio prodotto.

Il canale diretto

Con questa strategia l'azienda entra direttamente sul mercato estero in rapporto diretto con il potenziale cliente per promuovere e assistere le vendite, **stimolando la domanda** dei suoi prodotti o dei suoi servizi. Con questa strategia di esportazione, l'azienda produttrice generalmente mantiene la produzione in un unico paese e si occupa direttamente di collocare i propri prodotti sui mercati esteri tramite un proprio ufficio di esportazione, oppure attraverso propri agenti diretti, o costituendo una propria filiale di vendita o, nel caso di beni strumentali e industriali, vendendo direttamente al consumatore finale.

Con questa modalità l'azienda ha la possibilità di controllare immediatamente e direttamente il mercato estero, seguirne gli sviluppi e prendere tutte le misure necessarie per apportare eventuali rettifiche alla politica di vendita in conseguenza dei cambiamenti che avvengono nel mercato. Le forme organizzative più rilevanti di esportazione diretta sono:

- il personale interno di vendita;
- il venditore dipendente;
- l'agente di vendita all'estero;
- il concessionario di vendita;
- il distributore estero;
- l'ufficio di rappresentanza;
- la filiale di vendita.

I costi necessari per queste forme organizzative possono essere sopportati solo da aziende che hanno già assunto una certa dimensione e importanza sul proprio mercato nazionale e che vogliono iniziare un percorso di internazionalizzazione in modo strutturato e incisivo, dedicandovi azioni e professionalità specifiche.

Anche questo tipo di canale ha una serie di vantaggi e svantaggi. I vantaggi di questa strategia sono:

- l'impresa ha contatti diretti con i clienti, ha quindi informazioni sul mercato e sulle sue evoluzioni (prezzi, gusti ecc.);
- ha di conseguenza la possibilità di effettuare produzioni e relative politiche commerciali aggiornate e appropriate;
- il rapporto diretto con il cliente consente di eliminare il rischio di essere tagliati fuori o esclusi;
- la possibilità di promuovere tutti i prodotti e attuare politiche di rafforzamento e di consolidamento della posizione sul mercato;
- la possibilità di fornire un adeguato servizio post-vendita per rafforzare l'immagine e quindi la presenza.

Gli svantaggi di questa strategia sono:

- maggiori costi fissi dovuti alla realizzazione di un ufficio esportazione;

- maggiori costi variabili dovuti alle spese di viaggio e permanenza all'estero;
- maggiori risorse finanziarie necessarie;
- risorse umane da dedicare e i relativi costi da sostenere;
- maggiore rischio in relazione ai pagamenti.

SEGRETO n. 18: con la strategia del canale diretto l'azienda entra sul mercato estero in rapporto diretto con il potenziale cliente per promuovere e assistere le vendite stimolando la domanda dei suoi prodotti o dei suoi servizi e seguendo gli sviluppi per prendere tutte le misure necessarie per apportare eventuali rettifiche.

Il canale della collaborazione tra aziende

In questo caso l'azienda, per la propria attività di internazionalizzazione vuole avere un coinvolgimento diretto sul mercato di interesse ma non intende costituire all'estero una propria unità produttiva o commerciale con un investimento diretto. Non fa quindi sorgere una società comune con il partner, ma la attua attraverso accordi contrattuali. Sono strategie di internazionalizzazione che si fondano su accordi di collaborazione fra aziende.

Attraverso l'utilizzo di queste strategie l'azienda attua forme di internazionalizzazione che sono intermedie tra quelle dirette e quelle indirette. In questi casi l'ingresso sul mercato estero non viene sviluppato direttamente, ma attraverso la collaborazione con altre imprese, che non sono dei semplici intermediari, ma con le quali si stabiliscono accordi molto stretti e vincolanti per attuare la commercializzazione (o la produzione e/o assemblaggio) dei prodotti su quel determinato mercato.

Normalmente vengono utilizzate mettendo in comune i vantaggi competitivi che le aziende hanno rispettivamente e che difficilmente in maniera autonoma riuscirebbero a mettere in pratica e utilizzare. Di solito sono accordi e collaborazioni di lungo periodo tra due imprese che consentono il trasferimento di know-how da un'impresa italiana ad una di un altro paese.

Le forme più comuni e diffuse di collaborazione tra aziende sono:
- il licensing (attraverso la cessione di licenze, di know-how o di

brevetti);

- il franchising;
- le joint-venture (contrattuali) o le alleanze strategiche per la produzione, l'assemblaggio o la commercializzazione;
- i contratti di produzione (o assemblaggio) con un'impresa locale/i contratti di fornitura OEM (original equipment manufacturer);
- il piggyback.

SEGRETO n. 19: l'ingresso e lo sviluppo sul mercato estero con il canale della collaborazione viene realizzato attraverso accordi di lungo periodo molto stretti e vincolanti con imprese estere, che consentono il trasferimento di know-how mettendo in comune i vantaggi competitivi che le aziende hanno e che autonomamente difficilmente riuscirebbero ad utilizzare.

L'investimento diretto e le unità operative all'estero

Si hanno quando viene realizzata una propria unità all'estero investendo direttamente capitali propri in un'unità nuova, attraverso società consociate o filiali. L'impresa per operare sul mercato estero si avvale in questo caso di una propria unità di cui ha la proprietà e il controllo, con il compito di svolgere una o più attività su quel mercato.

Questa modalità di presenza prevede un investimento diretto da parte dell'impresa per l'apertura di un'unità locale, sia essa una filiale o una consociata commerciale o una consociata produttivo-commerciale. L'unità nel mercato estero può essere sia acquistata perché già esistente, in questo caso si parlerà di investimento "*brownfield*", sia creata partendo da zero, in questo caso viene chiamato investimento "*greenfield*". Questa unità, come già detto, può essere sia produttiva che commerciale e ad essa vengono delegate le politiche di produzione e di distribuzione, compreso il coordinamento della rete di vendita con propri agenti in loco. In casi di maggiore autonomia dalla casa-madre, all'unità all'estero viene lasciata anche la gestione degli aspetti finanziari e amministrativi. Quando la produzione resta nel paese d'origine, i prodotti vengono normalmente venduti all'unità estera a un determinato prezzo e da quest'ultima rivenduti sul mercato estero con il proprio ricarico.

SEGRETO n. 20: l'investimento diretto viene realizzato

investendo capitali propri in una unità operativa all'estero che ha il compito di svolgere una o più attività su quel mercato, alla quale vengono delegate le politiche di produzione e di distribuzione, compreso il coordinamento della rete di vendita con propri agenti in loco e in alcuni casi anche la gestione degli aspetti finanziari e amministrativi.

Foglio di lavoro n. 9 – La scelta della strategia di ingresso nel mercato

1. L'azienda dispone di risorse finanziarie sufficienti per finanziare le ricerche, i viaggi, le missioni e per promuovere il prodotto sul mercato internazionale individuato?

2. L'azienda desidera o ha necessità di mantenere il controllo sulle vendite, sul servizio clienti e sul credito al cliente?

3. L'azienda dispone del personale interno e dei consulenti necessari per poter entrare sul mercato di interesse ?

4. Come vengono normalmente distribuiti i vostri prodotti sul mercato estero individuato? Come vendono i vostri concorrenti su quel mercato?

5. L'azienda è disposta e ha la possibilità di modificare i prezzi e le condizioni di vendita?

6. Quanto è importante la tutela del know-how, dei marchi e dei diritti di proprietà intellettuale?

7. L'azienda è disposta a sviluppare le capacità internazionali del proprio personale che saranno necessarie in un'azione di esportazione diretta?

8. Si ritiene importante lo sviluppo della propria immagine a livello internazionale attraverso l'avvio di un'internazionalizzazione in modo diretto?

9. Dopo aver aggiunto tutti i costi relativi alla internazionalizzazione, il prezzo è competitivo sul mercato individuato? Risulta competitivo anche dopo aver aggiunto il ricarico per gli agenti o i distributori?

10. In caso contrario, può essere una valida alternativa quella di operare attraverso accordi in licenza, oppure attraverso la costituzione di una joint-venture o di un investimento diretto?

11. Quanto è importante per la vostra azienda mantenere la produzione in Italia?

12. Quanto è importante per la vostra azienda poter controllare il mercato estero e seguirne gli sviluppi?

13. Quanto è importante per voi avere il controllo dell'unità all'estero?

14. Sulla base delle risposte alle domande precedenti, quale canale si pensa di utilizzare?

Elencare la strategia e il metodo di ingresso scelto:

_____

_____

In base alle indicazioni riportate in precedenza elencare in dettaglio i vantaggi e gli svantaggi del metodo scelto:

_____

_____

Foglio di lavoro n. 10 – L'identificazione e la selezione dei partner

Giacché la maggior parte delle aziende sceglie metodi diretti di esportazione, questo foglio di lavoro è strutturato per l'identificazione e la selezione del partner per questo tipo di attività. Ma le domande possono essere estese e adattate, facendo le opportune modifiche, anche alle altre tipologie di partner da dover individuare (per accordi contrattuali, per joit-venture ecc.).

1. Quali tipi di prodotti o servizi il partner di distribuzione ideale deve già vendere?

2. Con quali tipi di clienti il partner di distribuzione ideale deve avere un rapporto consolidato di vendita?

3. Che tipo di capacità di supporto o di servizio post-vendita deve avere il partner di distribuzione ideale?

4. Quali attività promozionali attuano i competitor nel mercato individuato?

5. Quali tipi di attività promozionali sarebbe disposto a utilizzare (o già utilizza) il partner di distribuzione ideale sul mercato che è stato individuato?

6. Il rapporto con i partner di distribuzione sul mercato individuato è in esclusiva o no?

7. Se è in esclusiva, che tipo di canali di vendita deve avere il partner ideale? Se non è in esclusiva, entro quali aree l'azienda partner deve poter distribuire?

8. Conoscete le diverse modalità per individuare il partner ideale sui mercati internazionali (magari attraverso un'indagine di mercato svolta da un consulente, liste prodotte dai diversi uffici e agenzie che si occupano di internazionalizzazione, missioni e viaggi commerciali nel mercato, pubblicazione di

annunci sulle riviste del settore sul mercato estero, visita alla principale fiera del settore ecc.)? Descrivete qual è la più adatta per il vostro caso.

9. Conoscete i vantaggi e i limiti che hanno le diverse forme di ricerca partner che vengono normalmente utilizzate?

10. Avete pensato di farvi assistere professionalmente per la ricerca del partner ideale con modalità fortemente mirate?

11. Avete tutti gli elementi per valutare approfonditammente e dettagliatamente il vostro partner?

12. Avete pensato di far fare una ricerca approfondita per verificare la sua reputazione? Per verificare se è finanziariamente solido?

13. Avete pensato di far fare una ricerca approfondita per comprendere se ha una solida conoscenza del prodotto? Se è realmente in grado di vendere e distribuire con efficacia il prodotto? Se può supportare opportunamente le vendite nella sua area o regione di competenza?

14. Vi siete preparati su tutti gli aspetti sopra descritti prima di fare un incontro con il potenziale partner?

Foglio di lavoro n. 11 – La selezione del prodotto o servizio per il mercato target

1. Quali sono i principali prodotti o servizi che l'azienda vende?

2. In quale fase del ciclo di vita è attualmente il vostro prodotto? Cosa rende i prodotti o i servizi dell'azienda particolari per il mercato estero? Perché gli acquirenti esteri acquisterebbero da voi piuttosto che dalla concorrenza interna e internazionale? Ci sono concorrenti nazionali che esportano un prodotto o un servizio simile? L'azienda sta ricevendo richieste dall'estero per il vostro prodotto o servizio?

3. É mai stata realizzata una ricerca di mercato per verificare la domanda potenziale del prodotto sul mercato internazionale individuato?

4. Il prezzo praticato sul mercato domestico ha un buon margine? Se non c'è un margine particolarmente elevato con i prezzi praticati in Italia, quali sono le motivazioni per ritenere che il mercato estero accetti prezzi che coprano i costi aggiuntivi per raggiungere quel mercato?

5. Il prodotto è simile oppure è differenziato rispetto a quelli dei concorrenti? Da benefici e vantaggi evidenti? Ha caratteristiche di originalità e una tecnologia molto avanzata?

La tecnologia utilizzata è standard oppure i processi utilizzati sono esclusivi? La tecnologia è unica, brevettata o brevettabile?

6. La tecnologia è particolarmente interessante per qualche specifico mercato estero?

7. Il prodotto è lo stesso per ogni mercato o è necessario adattare il prodotto per la sua commercializzazione sui mercati esteri?

8. Il prodotto richiede particolari modalità di conservazione (ad esempio a temperatura controllata) durante il trasporto o durante il magazzinaggio? È particolarmente ingombrante e costoso da trasportare? Ha bisogno di modifiche e adattamenti in relazione alle modalità di trasporto (durata di conservazione del prodotto, refrigerazioni ecc.)? Siete in grado e disposti ad apportare tali modifiche, se necessarie, per i mercati internazionali?

9. Qual è lo stato attuale della capacità produttiva dell'azienda? In che modo potrebbe essere aumentata la capacità produttiva dell'azienda per soddisfare la domanda internazionale? Potete far fronte alla domanda aggiuntiva che verrà generata dai mercati internazionali?

10. E se dovesse esserci un aumento della domanda sul mercato

interno sarete ancora in grado di far fronte alla domanda sui mercati internazionali? Esiste una quantità minima di ordine? Se sì, questo requisito sarebbe applicato anche alle vendite internazionali?

11. Ci saranno problemi di programmazione della produzione in relazione ai maggiori tempi di spedizione richiesti per il mercato estero?

12. L'imballaggio è adeguato ai mezzi di trasporto individuati? Il prodotto è accompagnato da una documentazione particolare? Questa documentazione è conforme alla legislazione del paese in cui si internazionalizza?

13. Il materiale d'accompagnamento è tradotto nella lingua dei paesi nei quali esporterete? La confezione del prodotto, le etichette, le istruzioni e i manuali sono sufficientemente flessibili da consentire modifiche rispetto alle richieste del mercato di esportazione? Sono facilmente traducibili? Ci sono termini altamente tecnici che potrebbero essere difficili da tradurre senza competenze specialistiche? Che significato ha il nome del prodotto o dell'azienda quando è tradotto nella lingua del mercato estero?

14. Il prodotto necessita di assemblaggio installazione/montaggio

in loco da effettuare con personale qualificato o specificatamente da voi formato? Sono necessarie competenze o formazione specifica per installare, utilizzare o provvedere al servizio?

15. Necessita di un'assistenza post vendita? Se necessario, come sarà fornita?

16. È munito di certificazione ISO? È stato brevettato? Il marchio è stato registrato? È stato registrato in altri paesi?

17. Che tipo di controlli sulle esportazioni sono posti sulla vendita dei vostri prodotti/servizi sul mercato internazionale individuato? È richiesta una licenza di importazione o il prodotto può essere esportato liberamente? Se c'è bisogno di una licenza questo rappresenta un limite e un ostacolo al progetto?

18. Ci sono normative o requisiti standard da rispettare nel mercato individuato (ad esempio requisiti in materia di materiali, contenuto, etichettatura, valori di corrente elettrica e di tensione, standard e limiti ambientali, obblighi di marcatura CE, obblighi di conformità ISO, norme tecniche, regolamenti sanitari ecc.)?

19. É stato valutato se ci si può adeguare a queste normative e

regolamenti? Il prodotto può essere facilmente realizzato in conformità con i requisiti e gli standard richiesti?

20. Siete in grado e disposti ad apportare le modifiche necessarie per i mercati internazionali? Potete soddisfare eventuali richieste di personalizzazione?

21. La produzione è sufficientemente flessibile da poter consentire le modifiche per essere conformi alle richieste del mercato estero?

22. Le differenze geografiche e climatiche possono influenzare le funzioni e la qualità del prodotto (umidità, calore, caldo, freddo ecc.)?

23. Quali sono le preferenze che influenzano le decisioni d'acquisto dell'acquirente su quel mercato (ad esempio le dimensioni del prodotto, l'imballaggio, il colore ecc.)? Quali altri aspetti culturali potrebbero influenzare l'accettazione del prodotto (ad esempio il credo religioso, le abitudini e le preferenze locali, gli stili di vita ecc.)?

Dopo aver risposto accuratamente alle precedenti domande, sarà più facile identificare il prodotto o servizio dell'azienda che ha maggiore probabilità e maggior potenziale per essere portato sui mercati internazionali. Elencare qui di seguito il prodotto o servizio individuato.

I prodotti o i servizi individuati:

1. _____

2. _____

3. _____

4. _____

5. _____

Descrivere le ragioni per il probabile successo sui mercati internazionali.

_____

_____

Foglio di lavoro n. 12 – La definizione del prezzo

1. La domanda del mercato è elastica (vale a dire che un cambiamento dei prezzi si traduce in un cambiamento drastico della domanda del prodotto) o è anelastica (vale a dire che il

prodotto può tollerare variazioni di prezzo senza che questo incida drasticamente sulla domanda)?

2. Che tipo di sconti (commerciali o sulle quantità) o di supporti per la pubblicità e le promozioni sono normalmente concessi per i prodotti simili nel mercato estero prescelto?

3. Quali sono le norme e gli standard di garanzia e di assistenza alla clientela? Sono stati calcolati nella determinazione dei prezzi?

4. Le fluttuazioni della valuta su quel mercato possono rappresentare un problema?

5. I clienti di quel mercato acquisteranno ancora il prodotto se la nostra moneta si rafforzerà rispetto alla valuta locale?

6. Se l'azienda prevede di vendere in valuta locale, il prezzo finale potrà fluttuare oppure si preferirà tenerlo costante inserendo nel calcolo del prezzo il costo di un contratto di copertura con una banca?

7. Quali sono i costi diretti per le materie prime, per il lavoro, per le spedizioni, relativi al prodotto o servizio scelto per il mercato internazionale individuato?

8. Quali sono i costi generali di struttura attribuibili alle operazioni internazionali (ad esempio, i costi amministrativi, le

spese legali, di marketing per il mercato interno ecc.)?

9. Qual è l'importo proporzionale di costi generali di struttura imputabili al prodotto o servizio per il mercato estero?

10. Tra quelli elencati di seguito quali sono i costi connessi con l'attività internazionale sul mercato che è stato individuato?

11. L'azienda desidera calcolare sul prezzo finale un margine per le spese impreviste, o i rischi o gli errori? In caso positivo, quale sarà il margine?

12. Dopo aver effettuato il calcolo dei diversi costi connessi con l'attività internazionale, si può riportare il prezzo massimo e il prezzo minimo che delimitano la fascia di prezzo utilizzabile sul mercato internazionale prescelto?

Prodotto/Servizio 1. _____

Prezzo minimo _____

Prezzo massimo _____

Prodotto/Servizio 2. _____

Prezzo minimo _____

Prezzo massimo _____

Prodotto/Servizio 3. _____

Prezzo minimo _____

Prezzo massimo _____

Foglio di lavoro n. 13 – I principali elementi di costo nella vendita internazionale

- Viaggi e trasferte;
- Fiere internazionali;
- Materiale promozionale;
- Ricerche di mercato;
- Costi di marketing;
- Modifiche dei prodotti;
- Traduzioni e interpretariato;
- Comunicazioni;
- Spese legali;
- Brevetti, marchi, diritti d'autore;
- Registrazioni per licenze e permessi;
- Assicurazioni;
- Commissioni bancarie e oneri finanziari;
- Materiali di imballaggio, imballaggi per esportazioni, manipolazione dei prodotti;

- Trasporti/Corrieri/Trasporti interni nazionali;

- Scarico/carico camion, ferrovia, container;

- Trasporti internazionali camion/ferrovia/marittimi;

- Oneri di spedizione;

- Noleggi;

- Oneri doganali/Legalizzazioni consolari;

- Oneri e imposte diverse;

- Commissioni/Provvigioni;

RIEPILOGO DEL CAPITOLO 4:

- SEGRETO n. 16: Non è sempre detto che lo sviluppo sequenziale della strategia di internazionalizzazione, che inizia con la semplice esportazione dei propri prodotti fino ad arrivare all'investimento commerciale o produttivo nel paese estero, sia il migliore e il più adatto per l'azienda.

- SEGRETO n. 17: Con la strategia del canale indiretto l'azienda cede i prodotti a intermediari che si occupano di venderli sui mercati internazionali, il mercato nazionale resta il più importante; è consigliabile per le imprese che hanno notevoli vantaggi competitivi per le caratteristiche del proprio prodotto.

- SEGRETO n. 18: Con la strategia del canale diretto l'azienda entra sul mercato estero in rapporto diretto con il potenziale cliente per promuovere e assistere le vendite stimolando la domanda dei suoi prodotti o dei suoi servizi e seguendo gli sviluppi per prendere tutte le misure necessarie per apportare eventuali rettifiche.

- SEGRETO n.19: L'ingresso e lo sviluppo sul mercato estero con il canale della collaborazione viene realizzato attraverso accordi di lungo periodo molto stretti e vincolanti con imprese estere, che consentono il trasferimento di know-how mettendo in comune i vantaggi competitivi che le aziende hanno e che autonomamente difficilmente riuscirebbero ad utilizzare.

- SEGRETO n. 20: L'investimento diretto viene realizzato investendo capitali propri in una unità operativa all'estero che ha il compito di svolgere una o più attività su quel mercato, alla quale vengono delegate le politiche di produzione e di distribuzione, compreso il coordinamento della rete di vendita con propri agenti in loco e in alcuni casi anche la gestione degli aspetti finanziari e amministrativi.

CAPITOLO 5:
Come verificare la fattibilità del progetto

L'analisi economica e finanziaria

Questa parte del Business Plan Internazionale prevede il completamento delle informazioni necessarie all'avviamento di una nuova idea imprenditoriale in un contesto internazionale traducendo tutte le parti valutate e analizzate in precedenza in termini economici e monetari. In questo modo si evidenziano le effettive necessità di risorse finanziarie e si verifica la fattibilità economico-finanziaria.

È importante sottolineare che è di fondamentale importanza stanziare sin da subito i fondi sufficienti per effettuare le prime indagini. Prevedere nel budget le risorse per esplorare correttamente come accedere in modo appropriato ai mercati internazionali dimostrerà il vostro concreto impegno e questa impostazione avrà un impatto diretto sul successo dell'azione di internazionalizzazione.

SEGRETO n. 21: è importante sin da subito stanziare fondi sufficienti per effettuare le indagini necessarie e per accedere in modo appropriato ai mercati internazionali. Dimostrerà il concreto impegno dell'azienda e avrà un impatto diretto sul successo dell'azione di internazionalizzazione.

Per pianificare correttamente le attività internazionali che si vogliono svolgere è necessario predisporre dei prospetti economici e finanziari previsionali attraverso i quali fare le opportune analisi. È evidente che progetti complessi (soprattutto quei progetti internazionali che prevedono importanti utilizzi di immobilizzazioni o impegni di lungo periodo) avranno bisogno di analisi economiche, patrimoniali e finanziarie molto articolate che non possono essere oggetto di questa trattazione.

Ma esistono strumenti per l'analisi economica e finanziaria che sono di più facile comprensione e di immediato utilizzo, che risultano essere molto validi per valutare la fattibilità di un progetto di internazionalizzazione, la sua sostenibilità e per quantificare le risorse necessarie per attuarlo.

Questi strumenti di analisi sono:

- l'analisi costo-volume-profitto, con il calcolo del margine di contribuzione e l'individuazione del punto di pareggio;
- il budget del flusso di cassa.

Per iniziare a impostare la prima di queste due analisi, occorre innanzitutto individuare e stimare tutti i costi da sostenere per i primi mesi e per i primi 3-5 anni di vita del progetto internazionale, nonché i ricavi che si prevede che verranno realizzati nel medesimo periodo.

Va precisato che i costi di start-up di un progetto di internazionalizzazione variano da impresa a impresa e non esistono metodologie specifiche per poterli individuare. Ogni progetto ha esigenze diverse a seconda del settore in cui si opera, delle caratteristiche del progetto e del paese estero individuato.

SEGRETO n. 22: i costi di start-up di un progetto di internazionalizzazione variano da impresa a impresa. Non esistono metodologie specifiche per poterli individuare. Ogni progetto ha esigenze diverse a seconda del settore in cui si

opera, delle caratteristiche del progetto e del paese estero individuato.

Per la corretta definizione dei costi è importante suddividere sin da subito i costi di struttura da quelli correnti. I costi strutturali sono tutte le spese orientate all'acquisto di impianti, di macchinari, di arredamenti e di tutte le dotazioni che formano la struttura operativa e che dureranno nel tempo. I costi correnti sono rappresentati da tutte le spese, fisse o variabili, come gli affitti, i costi amministrativi, le materie prime, le retribuzioni, le assicurazioni ecc.

I costi relativi ai prodotti venduti sui mercati internazionali sono condizionati dalle condizioni di vendita e di resa. Per conoscere i diversi costi associati a queste condizioni è importante consultare uno spedizioniere internazionale e gli esperti delle varie funzioni coinvolte. Inoltre per calcolare correttamente i costi attribuibili ai prodotti esportati sul mercato estero o relativi all'attività svolta all'estero si dovrebbero includere nei conteggi solo i costi generali che si riferiscono agli aspetti internazionali, separandoli da quelli che riguardano il mercato nazionale che vanno esclusi. I ricavi totali invece possono essere calcolati come il prodotto fra il prezzo unitario di vendita e le quantità vendute. La previsioni sono estremamente importanti, per questo è fondamentale **utilizzare stime realistiche** basate quanto più possibile su elementi valutabili e misurabili.

Anni	1°	2°	3°	4°	5°
Unità vendute					
Prezzo unitario di vendita					
Totale vendite					

L'analisi costo-volume-profitto

L'analisi costo-volume-profitto è uno strumento estremamente utile per determinare la profittabilità economica di un determinato progetto. Quest'analisi individua la relazione che c'è tra i costi variabili, i costi fissi, il volume di produzione, i prezzi di vendita e il profitto. Consente di valutare in anticipo l'impatto sull'utile che queste variabili hanno e come poterle manovrare, simulando gli effetti che hanno tra di loro per individuare la combinazione più redditizia.

Per effettuare l'analisi costo-volume-profitto occorrerà, prima di tutto, suddividere tutti i costi tra fissi e variabili. I costi fissi sono rappresentati da tutte quelle spese che non variano con i volumi di produzione, sono quindi indipendenti dai livelli di produzione. Tipici costi fissi sono i canoni di locazione, gli stipendi dei dipendenti, le assicurazioni ecc. I costi variabili sono invece quelli che variano in proporzione al volume di produzione, sono quindi dipendenti dai livelli di produzione. Tipici costi fissi sono l'acquisto delle materie prime, le spedizioni dei prodotti ecc.

Il passo successivo è il calcolo del margine di contribuzione che è rappresentato dalla differenza fra i ricavi di un prodotto e tutti i costi variabili che si riferiscono a questo prodotto. In altre parole il margine di contribuzione è quel margine (dal quale abbiamo già sottratto i costi variabili) che deve riuscire a contribuire a coprire anche i costi fissi e quindi a garantire che vi sia un utile. Può essere calcolato sia per il totale delle vendite che per ogni singola unità di prodotto.

Il margine di contribuzione per il totale delle vendite (complessivo) si calcola come differenza tra il totale dei ricavi e il totale dei costi variabili. Il margine di contribuzione complessivo (MdC) è quindi la differenza tra i ricavi complessivi (R) e i costi variabili complessivi (CV). Il margine di contribuzione per singola unità di prodotto (margine di contribuzione unitario o MdCu) si calcola invece come la differenza fra il prezzo di vendita unitario e il costo variabile di una singola unità (quindi Pu – Cvu). Il margine di contribuzione unitario ci indica qual è il contributo alla copertura dei costi fissi per ogni unità di fatturato venduta.

Una terza modalità di calcolo del margine di contribuzione è quello espresso in termini percentuali (MdC %), che si ottiene dividendo il margine di contribuzione complessivo con i ricavi complessivi (MdC % = MdC / R). Il margine di contribuzione percentuale (MdC %) esprime il contributo percentuale alla copertura dei cosi fissi di un'unità di fatturato.

Riportiamo di seguito un semplice prospetto guida per la redazione del budget dei ricavi e delle spese e del calcolo del margine di contribuzione.

Anni	1º	2º	3º	4º	5º
Fatturato Internazionale					
(Ricavi netti meno resi e abbuoni)					
COSTI DIRETTI / VARIABILI					
Materie prime e materiali					
Rimanenze (iniziali – finali)					
Manodopera diretta					
Lavorazioni esterne dirette					
Provvigioni e spese varie di vendita / retribuzioni venditori					
Pubblicita' / Marketing					
Spese varie di vendita					
Trasporti / Viaggi / Forza motrice (diretti)					
....					
Totale costi Diretti di Vendita Variabili					
Margine Lordo di Contribuzione					
(Vendite internazionali - Totale costi Diretti di Vendita Variabili)					
Margine Lordo percentuale					
(Margine Lordo / Vendite internazionali)					
COSTI INDIRETTI / FISSI					
Costi fissi industriali / lavorazioni					
Personale amministrativo					
Spese generali per il personale					
Ammortamenti / Affitti / Leasing					
....					
Totale Costi Indiretti Fissi Internazionali					
Profitto Operativo Lordo / Perdita					
Interessi / Imposte					
Profitto netto / Perdita					

L'analisi del punto di pareggio

Attraverso il margine di contribuzione possiamo quindi calcolare il punto di pareggio (o punto di equilibrio o break-even). L'analisi del break-even è un metodo di calcolo che permette di individuare la quantità di produzione e di vendita che deve essere realizzata dall'azienda per riuscire a coprire tutti i costi. Dal punto di pareggio in poi l'impresa inizierà a guadagnare.

Se l'impresa vende meno della quantità individuata con il punto di pareggio, produrrà solo delle perdite poiché non ha ancora coperto i costi; le perdite aumentano quanto più la quantità prodotta e venduta diminuisce. Se l'impresa vende più della quantità individuata oltre il punto nel quale i ricavi totali superano i costi totali, genererà un utile, che andrà aumentando progressivamente all'aumentare della quantità venduta.

In altre parole, a livello di punto di pareggio di vendita, si farà un profitto pari a zero. Se si vende di più del livello di pareggio si farà un utile, se si vende meno si avrà una perdita. Le domande quindi che ci poniamo sono le seguenti:

- qual è la quantità da produrre e vendere per coprire tutti i costi e iniziare ad avere profitto?

- qual è il fatturato che dobbiamo realizzare per coprire tutti i costi e iniziare ad avere un utile?

La formula del punto di equilibrio che ci dà la quantità di prodotti da realizzare è la seguente:

quantità di pareggio = CF / (Pu - CVu) = CF / MdCu

Mentre la formula del punto di equilibrio che ci dà il fatturato che dobbiamo realizzare per essere in pareggio è la seguente:

fatturato di pareggio = CF / (Pu - CVu) = CF / Mdc%
(espresso in valori unitari)

Fatturato di pareggio = CF / (R – CV) / R = CF / MdC%
(espresso in valori assoluti)

Il margine di contribuzione percentuale non varia sia se dividiamo i ricavi complessivi con i costi variabili complessivi, sia se dividiamo il prezzo unitario con i costi variabili unitari. Alcuni semplici esempi numerici.

Esempio 1.
Ricavi   1.000

Costi Variabili   800

MdC   200

MdC %   0,2

Costi Fissi   500

Fatturato di pareggio = CF / (R – CV) / R

= CF / MdC% = 500 / 0,2 = 2.500

Questa formula può essere utilizzata nelle aziende multiprodotto per le quali la quantità di pareggio ha poco significato se non calcolata per sigolo prodotto.

Esempio 2.

Costi fissi   500

Prezzo unitario   10

Costo variabile unitario   6

Margine di contr. Unitario 4

Quantità di pareggio = CF / (Pu - CVu) = CF / MdCu

= Costi fissi / Marg. di contr.ne unitario = 500 / 4 = 125 pezzi

Applicazioni pratiche dell'analisi costo-volume-profitto

Con l'analisi marginale del costo-volume-profitto, modificando i valori delle variabili, possiamo fare proiezioni e simulazioni. In questo modo è possibile fare tutte le previsioni e le valutazioni necessarie per il nostro studio di fattibilità. Con questa analisi si può dare risposta a molte domande relative alla gestione del progetto di internazionalizzazione che si vuole avviare:

- Si può per esempio determinare come un cambiamento nei costi fissi o nei costi variabili può condizionare il profitto.

- Oppure come abbiamo visto in precedenza possiamo comprendere qual è il volume di produzione che si deve raggiungere per coprire i costi fissi ed entrare nella zona dei profitti.

- Possiamo valutare come variano i costi e i profitti all'aumentare e al diminuire dei volumi di produzione e di vendita. Conoscere quali livelli di profitto si possono avere ai diversi livelli di vendita.

- Se è meglio acquistare esternamente o incrementare gli investimenti per far fronte a necessità di aumento della produzione.

- Qual è il volume di vendite che consente di realizzare un determinato utile che abbiamo programmato.

- Calcolare e determinare opportunamente i prezzi e gli sconti da poter applicare in relazione alle quantità e ai costi.

- Consente infine di fare scenari che ipotizzano variazioni dei prezzi di vendita e valutare come questi incidono sui margini di contribuzione e sulle quantità.

Il budget del Flusso di Cassa

Descriviamo ora il secondo strumento di analisi che abbiamo proposto, che è la proiezione del flusso di cassa previsionale o budget del flusso di cassa. Questa proiezione evidenzia i fabbisogni di mezzi liquidi (cassa e conti bancari) nei vari periodi (di solito mensilmente e annualmente). Mostra sostanzialmente le entrate e le uscite di denaro e i relativi saldi per ogni periodo, quindi i fabbisogni e le eccedenze di liquidità nel periodo.

Redigere una buona analisi previsionale del flusso di cassa è determinante per l'avviamento di nuove iniziative imprenditoriali. Una buona programmazione prevede proiezioni del flusso di cassa sia a breve termine (mensili) che aiutano a gestire le necessità di cassa immediate, sia a lungo termine (annuali, dai 3 ai 5 anni) che permettono di sviluppare le strategie di capitale più efficaci per venire incontro a tutte le necessità del progetto nascente.

SEGRETO n. 23: le previsioni sono estremamente importanti, per questo è fondamentale utilizzare stime realistiche che si basino quanto più possibile su elementi valutabili e misurabili. L'analisi del break-even mostra la quantità di produzione e di vendita necessarie per iniziare a guadagnare. L'analisi del cash-flow i fabbisogni e le eccedenze di liquidità per i diversi periodi.

Gli altri documenti di rendicontazione e previsionali riportano i ricavi e i costi nel momento in cui viene effettuata la vendita o l'acquisto e non nel momento dell'effettivo incasso o esborso di denaro. La proiezione del flusso di cassa previsionale mostra invece le transazioni nel momento in cui avviene l'**effettivo esborso o incasso** di contante (sono esclusi da questo computo quindi i deprezzamenti, gli ammortamenti e le altre voci che non prevedono un effettivo esborso di denaro).

Per una valida redazione della proiezione del flusso di cassa previsionale è necessario fare un'accurata pianificazione, prevedendo con molta attenzione e precisione quanto denaro uscirà o entrerà e, molto importante, stimando correttamente "quando" effettivamente avverranno gli esborsi e gli incassi di denaro. Di seguito un semplice modello di prospetto per la pianificazione dei flussi di tesoreria calcolati mensilmente.

Prospetto dei flussi di tesoreria

Mesi	Gennaio	Febbraio	Marzo	.....	Dicembre
Saldo iniziale					
Entrate (incassi): -Ricavi da vendite -Crediti commerciali -Altri incassi					
Tot. entrate (incassi)					
Uscite (esborsi): -Acquisti di materie -Acquisti di servizi -Manodopera -Provvigioni -Locazioni -Adempimenti -Viaggi -Altre uscite (esborsi)					
Tot. uscite (esborsi)					
Saldo finale					

Implementazione del piano e fattibilità organizzativa

Per rendere il Business Plan Internazionale fattibile e realistico è importante scomporlo in fasi o attività specifiche e misurabili, altrimenti rischia di essere solo un documento che poi resta nel cassetto. È importante quindi fissare mete precise. Un metodo molto semplice e pratico, e molto efficace, se applicato correttamente e sistematicamente, è quello di tracciare una tabella dei tempi e delle attività (cronoprogramma).

SEGRETO n. 24: per rendere il Business Plan Internazionale fattibile e realistico è importante scomporlo in fasi o attività specifiche e misurabili, altrimenti rischia di essere solo un documento inutilizzato. È importante quindi fissare mete precise tracciando una tabella dei tempi e delle attività.

Si attua scomponendo il progetto in fasi e dando ad ogni fase un nome, un responsabile, una data di termine e un budget. Per ciascun programma devono essere riportate le date di inizio e fine, le priorità temporali e le risorse umane dedicate. Queste fasi vengono riportate su un semplice schema grafico.

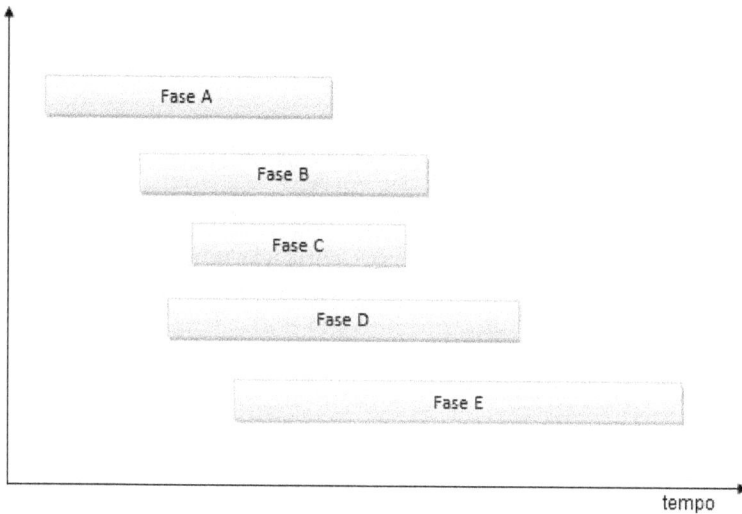

Si dovrà quindi monitorare costantemente l'andamento delle diverse fasi rispetto a quanto programmato. Per prevedere al meglio la fattibilità organizzativa è importante definire un organigramma e descrivere l'organizzazione che si intende dare (funzioni, ruoli, persone e responsabilità). Valutare quindi quale sarà la struttura e l'organizzazione del management, come l'organizzazione prevista può implementare le diverse fasi, quali sono i ruoli chiave e come sono distribuiti, se esistono fattori di criticità che potrebbero creare dei problemi alla struttura organizzativa prevista. Queste valutazioni consentiranno di mettere in sintonia l'organizzazione con il piano di fattibilità sintetizzato nel cronoprogramma.

Piano di emergenza

È importantissimo per ogni singola fase ipotizzare un piano di emergenza. Serve a prevedere con anticipo come comportarsi nel caso in cui le previsioni non si dovessero realizzare o se degli eventi imprevisti non dovessero consentire di portare avanti la fase nel modo progettato.

Per fare il piano di emergenza è importante valutare le cose che potrebbero non andare nel modo previsto, i possibili problemi e le probabili conseguenze negative sullo sviluppo del programma. È importante guardare avanti cercando di individuare quali problemi potrebbero sorgere, **considerandoli con un impatto congiunto**, per esempio un eventuale aumento dei costi con una contestuale diminuzione delle vendite. Spesso le situazioni diventano ingestibili e con conseguenze disastrose proprio perché non sono state previste opportunamente queste eventualità. Pianificare le possibili evoluzioni negative aiuterà a formulare per tempo le strategie per superare i problemi avuti e contribuirà a minimizzare i rischi per il progetto.

È necessario elaborare sempre uno o più scenari alternativi che prendano in considerazione gli eventuali problemi. Un metodo semplice e molto utile, purché applicato con realismo, è quello di immaginare tre scenari: lo scenario A) con un problema particolare, lo scenario B) intermedio, con alcuni probabili problematiche, e infine lo scenario C) con diversi problemi. Per tutti e tre gli scenari dovranno essere ipotizzate le opzioni strategiche che si pensa di attivare.

Scenario A) con un problema
(elencare il problema ipotizzato)

_____

_____

Soluzioni che si pensa di attivare per risolvere il problema ipotizzato

_____

_____

Scenario B) con alcuni problemi

(elencare i problemi ipotizzati)

_____

_____

Soluzioni che si pensa di attivare per risolvere i problemi ipotizzati

_____

_____

Scenario C) con diversi problemi

(elencare i problemi ipotizzati)

_____

_____

Soluzioni che si pensa di attivare per risolvere i problemi ipotizzati

_____

_____

SEGRETO n. 25: è importantissimo ipotizzare piani di emergenza per ogni singola fase per prevedere con anticipo come comportarsi nel caso in cui le previsioni non si dovessero realizzare e se degli eventi imprevisti non dovessero consentire di portare avanti la fase di lavoro nel modo progettato.

RIEPILOGO DEL CAPITOLO 5:

- SEGRETO n. 21: È importante sin da subito stanziare fondi sufficienti per effettuare le indagini necessarie e per accedere in modo appropriato ai mercati internazionali. Dimostrerà il concreto impegno dell'azienda e avrà un impatto diretto sul successo dell'azione di internazionalizzazione.

- SEGRETO n. 22: I costi di start-up di un progetto di internazionalizzazione variano da impresa a impresa. Non esistono metodologie specifiche per poterli individuare. Ogni progetto ha esigenze diverse a seconda del settore in cui si opera, delle caratteristiche del progetto e del paese estero individuato.

- SEGRETO n. 23: La previsioni sono estremamente importanti, per questo è fondamentale utilizzare stime realistiche che si basino quanto più possibile su elementi valutabili e misurabili. L'analisi del break-even mostra la quantità di produzione e di vendita necessarie per iniziare a guadagnare. L'analisi del cash-flow i fabbisogni e le eccedenze di liquidità per i diversi periodi.

- SEGRETO n. 24: Per rendere il Business Plan Internazionale fattibile e realistico è importante scomporlo in fasi o attività specifiche e misurabili, altrimenti rischia di essere solo un documento inutilizzato. È importante quindi fissare mete precise tracciando una tabella dei tempi e delle attività.

- SEGRETO n. 25: È importantissimo ipotizzare piani di emergenza per ogni singola fase per prevedere con anticipo come comportarsi nel caso in cui le previsioni non si dovessero realizzare e se degli eventi imprevisti non dovessero consentire di portare avanti la fase di lavoro nel modo progettato.

Conclusioni

Come già detto all'inizio, internazionalizzarsi oggi è un percorso obbligato e oltre alla grande impresa anche la piccola azienda se vuole rimanere competitiva è obbligata a ricercare nuovi mercati. Oggi con l'attuale crisi in corso questo concetto è ancor più vero. Il nostro mercato in Italia è assolutamente saturo, con una domanda in costante diminuzione che farà molta fatica a riprendersi e a crescere.

Ma ci sono **enormi opportunità tutte da sfruttare sui nuovi mercati emergenti** che possono risolvere la profittabilità di molte aziende italiane consentendo loro successi e sviluppi. Nel mondo milioni di persone stanno venendo fuori dalla povertà, nuove categorie di classi medie si stanno affermando e nuove categorie di persone ricchissime si stanno imponendo. Tutto questo si sta riflettendo sui consumi e rappresenta una nuova enorme domanda potenziale da andare a intercettare.

Paesi come il Brasile, la Cina, l'India, l'Indonesia, La Corea del

Sud, il Messico, Taiwan, e quelli a noi geograficamente più vicini come la Russia, la Polonia, l'Ukraina, la Turchia e l'Egitto, sono i paesi che, con modalità e percorsi diversi, diventeranno le principali economie mondiali nei prossimi decenni.

A queste si aggiungono la Colombia, il Sud Africa, il Bangladesh, l'Iran, la Nigeria, il Pakistan, le Filippine, il Vietnam, la Thailandia, la Malaysia, il Peru, l'Argentina e il Cile, che per la dinamicità delle loro economie e per le loro popolazioni molto giovani, rappresenteranno sempre più mercati di sbocco interessantissimi.

Aree come l'Europa centro-orientale e i paesi dei Balcani tenderanno ad allinearsi con quelle dell'Europa dell'Ovest, e quindi avranno una crescita certa nei prossimi anni e un mercato con ancora molto spazio da colmare prima che riesca a saturarsi.

Esistono le aree che hanno le ricchezze derivanti dalla produzione del petrolio che stanno mettendo in atto piani di sviluppo che amplieranno la gamma dei consumi ben oltre i soli prodotti esclusivi e del lusso, ma anche a tutto quanto necessario alla crescita delle classi medie.

Infine, le aree più tradizionali dell'Europa occidentale e del Nord America, sebbene oggi in crisi, rappresentano sempre mercati molto interessanti in cui andare a intercettare le nuove tendenze e i nuovi consumi che saranno generati proprio dai cambiamenti in atto.

La domanda mondiale sarà quindi molto diversificata e articolata e **genererà moltissimi spazi** in cui ogni azienda con la struttura adatta potrà probabilmente trovare la propria collocazione.

Le aziende devono iniziare a **esplorare queste aree del mondo**, è lì che bisogna **andare a posizionarsi** e intercettare la domanda. Bisogna andare dove la gente compra, dove c'è crescita, cambiando radicalmente approccio e adeguandosi alle nuove realtà dei mercati globali. Ogni azienda può internazionalizzarsi, anche le micro imprese possono raggiungere un ottimo livello di internazionalizzazione se ne esistono le condizioni.

Ma l'internazionalizzazione non può essere considerata un'attività secondaria alla quale dedicare solo risorse e tempo marginali, né tantomeno da affrontare con leggerezza e approssimazione sull'onda di facili entusiasmi. È un percorso affascinante e promettente, ma che contempla materie e aspetti complessi e articolati. Per questo è indispensabile pianificare, al fine di valutare con molta attenzione le azioni che si vogliono intraprendere per verificarne la fattibilità. Questo corso espone in modo semplice tutti gli aspetti rilevanti, per essere un'utile check-list e una guida pratica per la redazione di un Business Plan Internazionale.

Come già detto all'inizio, ma è importante ripeterlo, può e deve essere utilizzato a più livelli di approfondimento, in dipendenza del proprio grado di conoscenza delle materie e dei vari aspetti trattati, documentandosi e chiedendo l'opportuno aiuto e sostegno degli esperti laddove necessario.

Soprattutto nella fase iniziale è di fondamentale importanza consultare professionisti realmente esperti e qualificati, capaci di comprendere le tematiche trattate e in grado di impostare correttamente sin dall'inizio il percorso di internazionalizzazione.

Vi ringrazio ancora per aver scelto questo corso e vi faccio i miei migliori auguri per la vostra attività di internazionalizzazione.

Augusto Cocchioni

www.ingramcontent.com/pod-product-compliance
Lightning Source LLC
Chambersburg PA
CBHW071601200326
41519CB00021BB/6826